U0514154

乡村振兴战略
与农村经济结构调整研究

肖　琦◎著

吉林出版集团股份有限公司
全国百佳图书出版单位

图书在版编目（CIP）数据

乡村振兴战略与农村经济结构调整研究 / 肖琦著. --
长春 : 吉林出版集团股份有限公司, 2022.7
ISBN 978-7-5731-1856-1

Ⅰ.①乡… Ⅱ.①肖… Ⅲ.①农村—社会主义建设—
研究—中国②农村经济—经济结构—研究—中国 Ⅳ.
①F32

中国版本图书馆CIP数据核字(2022)第137876号

XIANGCUN ZHENXING ZHANLÜE YU NONGCUN JINGJI JIEGOU TIAOZHENG YANJIU

乡村振兴战略与农村经济结构调整研究

著　　者：肖　琦
责任编辑：郭玉婷
封面设计：雅硕图文
版式设计：雅硕图文
出　　版：吉林出版集团股份有限公司
发　　行：吉林出版集团青少年书刊发行有限公司
地　　址：吉林省长春市福祉大路5788号
邮政编码：130118
电　　话：0431-81629808
印　　刷：天津和萱印刷有限公司
版　　次：2023年1月第1版
印　　次：2023年1月第1次印刷
开　　本：710 mm×1000 mm　　1/16
印　　张：11.5
字　　数：205千字
书　　号：ISBN 978-7-5731-1856-1
定　　价：78.00元

前　言

在实现中华民族伟大复兴的征程中，最艰巨最繁重的任务在农村，最广泛最深厚的基础在农村，最大的潜力和后劲也在农村。党的十九大针对我国"三农"问题在长期发展过程中存在的一系列突出矛盾，统筹国内国际农业发展环境与全局，提出乡村振兴战略。"三农"问题是关系国计民生的根本性问题，必须始终把解决好"三农问题"作为全党工作重中之重。中国特色社会主义进入新时代，在国家大力实施乡村振兴战略的时代背景下，我国农村社会经济发展迎来了重要战略机遇期。实施乡村振兴战略是统筹城乡协调发展，决战决胜脱贫攻坚目标任务，决胜全面建成小康社会、全面建设社会主义现代化国家的重大历史任务，是一项庞大的系统工程。

自从党的十九大报告中明确提出了乡村振兴战略以后，表明了党中央从根本上对于农村经济发展的掌握，以通过多种政策来实现农村地区经济协调发展的要求，并且采取相应的措施来实现乡村地区经济的全面发展，在此过程中要通过进行农业结构转型和升级，通过现代化农业为基础来提升农村的经济效率，切实根据农村经济发展过程中的弊端来推进农村经济的可持续发展。

随着我国乡村振兴战略的实施，可以看出我国从中央政府到地方政府对于农村经济发展的重视程度。政府相关部门要结合时代发展需求，灵活运用相关技术和平台，来拓宽农产品的营销渠道，在保障农民利益的基础上，不断促进农村农业转型和升级。此外，要加大农村经济发展的资金投入，通过农业生产技术的引入，促进农村经济发展。

在撰写本书的过程中，参考了相关专家、学者的著作，从中获得了许多有益的成果、见解，谨致以诚挚的谢意。由于作者水平有限，书中难免有不足之处，敬请同行专家、学者和广大读者批评指正。

目　录

第一章 乡村振兴战略概述

第一节 乡村振兴战略的产生背景及重要意义

一、产生背景

乡村振兴战略是习近平同志在党的十九大报告中提出的战略。十九大报告指出，农业农村农民问题是关系国计民生的根本性问题，必须始终把解决好"三农"问题作为全党工作的重中之重。党的十八大以来，我国农业农村发展取得了历史性成就，农民的生产生活发生了显著变化，农村成为更加美丽宜居的生产生活新空间。但由于历史欠账较多，我国当前最大的发展不平衡仍然是城乡发展不平衡，最大的发展不充分仍然是农村发展不充分，全面小康征程上受发展不平衡和不充分影响最大的群体仍然是农民。尤其是站在中国特色社会主义的新时期，解决农业农村发展不平衡不充分的短板问题更加凸显，广大农民对缩小城乡差距、共享发展成果的要求也更加迫切。党中央在十九大提出"实施乡村振兴战略"这一部署，有其深刻的历史背景和现实依据，是从党和国家事业发展全局作出的一项重大战略决策。

二、实施乡村振兴战略的重要意义

党的十九大报告提出实施乡村振兴战略，具有重大的历史性、理论性和实践性意义。从历史角度看，它是在新的起点上总结过去，谋划未来，深入推进城乡发展一体化，提出了乡村发展的新要求新蓝图。从理论角度看，它是深化改革开放，实施市场经济体制，系统解决市场失灵问题的重要抓手。从实践角度看，它是呼应老百姓新期待，以人民为中心，把农业产业搞好，把农村保护建设好，把农民发展进步服务好，提高人的社会流动性，扎实解决农业现代化发展、社会主义新农村建设和农民发展进步遇到的现实问题的重要内容。

（一）实施乡村振兴战略是解决发展不平衡不充分矛盾的迫切要求

中国特色社会主义进入新时代，这是党的十九大报告作出的一个重大判断，它明确了我国发展新的历史方位。新时代，伴随社会主要矛盾的转化，对经济社会发展提出更高要求。新时代我国社会主要矛盾已经转化为人民日益增长的美好生活需要和不平衡不充分的发展之间的矛盾。改革开放以来，随着工业化的快速发展和城市化的深入推进，我国城乡出现分化，农村发展也出现分化，目前最大的不平衡是城乡之间发展的不平衡和农村内部发展的不平衡，最大的不充分是"三农"发展的不充分，包括农业现代化发展的不充分，社会主义新农村建设的不充分，农民群体提高教科文卫发展水平和共享现代社会发展成果的不充分等。从决胜全面建成小康社会，到基本实现社会主义现代化，再到建成社会主义现代化强国，解决这一新的社会主要矛盾需要实施乡村振兴战略。

（二）实施乡村振兴战略是解决市场经济体系运行矛盾的重要抓手

改革开放以来，我国始终坚持市场经济改革方向，市场在资源配置中发挥越来越重要的作用，提高了社会稀缺配置效率，促进了生产力发展水平大幅提高，社会劳动分工越来越深、越来越细。随着市场经济深入发展，需要考虑市场体制运行所内含的生产过剩矛盾以及经济危机等问题，需要不断扩大稀缺资源配置的空间和范围。解决问题的途径是实行国际国内两手抓，除了把对外实行开放经济战略、推动形成对外开放新格局，包括以"一带一路"建设为重点加强创新能力开放合作，拓展对外贸易、培育贸易新业态新模式、推进贸易强国建设，实行高水平的贸易和投资自由化便利化政策，创新对外投资方式、促进国际产能合作，加快培育国际经济合作和竞争新优势等作为重要抓手外，也需要把对内实施乡村振兴战略作为重要抓手，形成各有侧重和相互补充的长期经济稳定发展战略格局。由于国际形势复杂多变，相比之下，实施乡村振兴战略更加安全可控、更有可能做好和更有福利效果。

（三）实施乡村振兴战略是解决农业现代化的重要内容

经过多年的持续不断的努力，我国农业农村发展取得重大成就，现代农业建设取得重大进展，粮食和主要农产品供求关系发生重大变化，大规模的农业剩余劳动力转移进城，农民收入持续增长，脱贫攻坚取得决定性进展，农村改革实现重大突破，农村各项建设全面推进，为实施乡村振兴战略提供了有利条件。与此同时，在实践中，由于历史原因，目前农业现代化发展、社会主义新农村建设和农民的教育科技文化发展存在很多突出问题迫切需要解决。面向未来，随着我国经济不断发展，城乡居民收入不断增长，广大市民和农民都对新时期农村的建设发展存在很多期待。把乡村振兴作为党和国家战略，统一思想，提高认识，明确目标，完善体制，搞好建设，加强领导和服务，不仅呼应了新时期全国城乡居民发展新期待，而且也将引领农业现代化发展和社会主义新农村建设以及农民教育科技文化进步。

第二节 乡村振兴战略的科学内涵及战略导向

一、乡村振兴战略的科学内涵

（一）产业兴旺是乡村振兴的核心

新时代推动农业农村发展核心是实现农村产业发展。农村产业发展是农村实现可持续发展的内在要求。从中国农村产业发展历程来看，过去一段时期内主要强调生产发展，而且主要是强调农业生产发展，其主要目标是解决农民的温饱问题，进而推动农民生活向小康迈进。从生产发展到产业兴旺，这一提法的转变，意味着新时代党的农业农村政策体系更加聚焦和务实，主要目标是实现农业农村现代化。产业兴旺要求从过去单纯追求产量向追求质量转变、从粗放型经营向精细型经营转变、从不可持续发展向可持续发展转变、从低端供给向高端供给转变。城乡融合发展的关键步骤是农村产业融合发展。产业兴旺不仅要实现农业发展，还要丰富农村发展业态，促进农村一、二、三产业融合发展，更加突出以推进供给侧结构性改革为主线，提升供给质量和效益，推动农业农村发展提质增效，更好地实现农业增产、农村增值、农民增收，打破农村与城市之间的壁垒。农民生活富裕前提是产业兴旺，而农民富裕、产业兴旺又是乡风文明和有效治理的基础，只有产业兴旺、农民富裕、乡风文明、治理有效有机统一起来才能真正提高生态宜居水平。党的十九大将产业兴旺作为实施乡村振兴战略的第一要求，充分说明了农村产业发展的重要性。当前，我国农村产业发展还面临区域特色和整体优势不足、产业布局缺少整体规划、产业结构较为单一、产业市场竞争力不强、效益增长空间较为狭小与发展的稳定性较差等问题，实施乡村振兴战略必须要紧紧抓住产业兴旺这个核心，作为优先方向和实践突破点，真正打通农村产业发展的"最后一公里"，为农业农村实现现代化奠定坚实的物质基础。

（二）生态宜居是乡村振兴的基础

习近平同志在十九大报告中指出，加快生态文明体制改革，建设美丽中国。美丽中国起点和基础是美丽乡村。乡村振兴战略提出要建设生态宜居的美丽乡村,更加突出了新时代重视生态文明建设与人民日益增长的美好生活需要的内在联系。乡村生态宜居不再是简单强调单一化生产场域内的"村容整洁",而是对"生产、生活、生态"为一体的内生性低碳经济发展方式的乡村探索。生态宜居的内核是倡导绿色发展,是以低碳、可持续为核心,是对"生产场域、生活家园、生态环境"为一体的复合型"村镇化"道路的实践打造和路径示范。绿水青山就是金山银山。乡村产业兴旺本身就蕴含着生态底色,通过建设生态宜居家园实现物质财富创造与生态文明建设互融互通,走出一条中国特色的乡村绿色可持续发展道路,在此基础上真正实现更高品质的生活富裕。同时,生态文明也是乡风文明的重要组成部分,乡风文明内涵则是对生态文明建设的基本要求。此外,实现乡村生态的良好治理是实现乡村有效治理的重要内容,治理有效必然包含着有效的乡村生态治理体制机制。从这个意义而言,打造生态宜居的美丽乡村必须要把乡村生态文明建设作为基础性工程扎实推进,让美丽乡村看得见未来,留得住乡愁。

(三)乡风文明是乡村振兴的关键

文明中国根在文明乡风,文明中国要靠乡风文明。乡村振兴想要实现新发展,彰显新气象,传承和培育文明乡风是关键。乡土社会是中华民族优秀传统文化的主要阵地,传承和弘扬中华民族优秀传统文化必须要注重培育和传承文明乡风。乡风文明是乡村文化建设和乡村精神文明建设的基本目标,培育文明乡风是乡村文化建设和乡村精神文明建设的主要内容。乡风文明的基础是重视家庭建设、家庭教育和家风家训培育。家庭和睦则社会安定,家庭幸福则社会祥和,家庭文明则社会文明;良好的家庭教育能够授知识、育品德,提高精神境界、培育文明风尚;优良的家风家训能够弘扬真善美、抑制假恶丑,营造崇德向善、见贤思齐的社会氛围。积极倡导和践行文明乡风能够有效净化和涵养社会风气,培育乡村德治土壤,推动乡村有效治理;能够推动乡村生态文明建设,建设生态宜居家园;能够凝人心、聚人气,营造干事创业的社会氛围,助力乡村产业发展;能够丰富农民群众文化生活,汇聚精神财富,实现精神生活上的富裕。实现乡风文明要大力实施农村优秀传统文化保护工程,深入研究阐释农村优秀传统文化的历史渊源、发展脉络、基本走向;要健全和完善家教家风家训建设工作机制,挖掘民间蕴藏的丰富家风家训资源,让好家风好家训内化为农民群众的行动遵循;要建立传承弘扬优良家风家训的长效机制,积极推动家风家训进校园、进课堂活动,编写优良家风家训通识读本,积极创作反映优良家风家训的优秀文艺作品,真正把文明乡风建设落到实处，落到细处。

（四）治理有效是乡村振兴的保障

实现乡村有效治理是推动农村稳定发展的基本保障。乡村治理有效才能真正为产业兴旺、生态宜居、乡风文明和生活富裕提供秩序支持，乡村振兴才能有序推进。新时代乡村治理的明显特征是强调国家与社会之间的有效整合，盘活乡村治理的存量资源，用好乡村治理的增量资源，以有效性作为乡村治理的基本价值导向，平衡村民自治实施以来乡村社会面临的冲突和分化。也就是说，围绕实现有效治理这个最大目标，乡村治理技术手段可以更加多元、开放和包容。只要有益于推动实现乡村有效治理的资源都可以充分地整合利用，而不再简单强调乡村治理技术手段问题，而忽视对治理绩效的追求和乡村社会的秩序均衡。党的十九大报告提出，要健全自治、法治、德治相结合的乡村治理体系。这不仅是实现乡村治理有效的内在要求，也是实施乡村振兴战略的重要组成部分。这充分体现了乡村治理过程中国家与社会之间的有效整合，既要盘活村民自治实施以来乡村积淀的现代治理资源，又毫不动摇地坚持依法治村的底线思维，还要用好乡村社会历久不衰、传承至今的治理密钥，推动形成相辅相成、互为补充、多元并蓄的乡村治理格局。从民主管理到治理有效，这一定位的转变，既是国家治理体系和治理能力现代化的客观要求，也是实施乡村振兴战略，推动农业农村现代化进程的内在要求。而乡村治理有效的关键是健全和完善自治、法治、德治的耦合机制，让乡村自治、法治与德治深度融合、高效契合。例如，积极探索和创新乡村社会制度内嵌机制，将村民自治制度、国家法律法规内嵌入村规民约、乡风民俗中去，通过乡村自治、法治和德治的有效耦合，推动乡村社会实现有效治理。

（五）生活富裕是乡村振兴的根本

生活富裕的本质要求是共同富裕。改革开放四十年来，农村经济社会发生了历史性巨变，农民的温饱问题得到彻底解决，农村正在向着全面建成小康社会迈进。但是，广大农村地区发展不平衡不充分的问题也日益凸显，积极回应农民对美好生活的诉求必须要直面和解决这一问题。生活富裕不富裕，对于农民而言有着切身感受。长期以来，农村地区发展不平衡不充分的问题无形之中让农民感受到了一种"被剥夺感"，农民的获得感和幸福感也随之呈现出"边际现象"，也就是说，简单地靠存量增长已经不能有效提升农民的获得感和幸福感。生活富裕相较于生活宽裕而言，虽只有一字之差，但其内涵和要求却发生了非常大的变化。生活宽裕的目标指向主要是解决农民的温饱问题，进而使农民的生活水平基本达到小康，而实现农民生活宽裕主要依靠的是农村存量发展。生活富裕的目标指向则是农民的现代化问题，是要切实提高农民的获得感和幸福感，消除农民的"被剥夺感"，而这也使得生活富裕具有共同富裕的内在特征。如何实现农民生活富裕？显然，靠农村存量发展已不具有可能性。有效激活农村增量发展空间是解决农民生活富裕的关键。而乡村振兴战略提出的产业兴旺则为农村增量发展提供了方向。

二、推进乡村振兴的战略导向

（一）坚持高质量发展

习近平总书记在党的十九大报告中提出，"我国经济已由高速增长阶段转向高质量发展阶段""必须坚持质量第一、效益优先，以供给侧结构性改革为主线，推动经济发展质量变革、效率变革、动力变革"，2017年，中央经济工作会议提出"推动高质量发展是当前和今后一个时期确定发展思路、制定经济政策、实施宏观调控的根本要求"。实施乡村振兴战略是建设现代化经济体系的主要任务之一，尽管实施乡村振兴战略涉及的范围实际上超出经济工作，但推动乡村振兴高质量发展应该是实施乡村振兴战略的基本要求和重大导向之一。仔细研读十九大报告中关于新时代中国特色社会主义思想和基本方略的内容，不难发现这实际上也是指导中国特色社会主义高质量发展的思想。在实施乡村振兴战略的过程中，坚持高质量发展的战略导向，需要弄清楚什么是乡村振兴的高质量发展，怎样实现乡村振兴的高质量发展？

1. 突出抓重点、补短板、强弱项的要求

随着中国特色社会主义进入新时代，中国社会主要矛盾转化为人民日益增长的美好生活需要和不平衡不充分发展之间的矛盾。实施乡村振兴战略的质量如何，首先要看其对解决社会主要矛盾有多大实质性的贡献，对于缓解工农城乡发展不平衡和"三农"发展不充分的问题有多大实际作用。比如，随着城乡居民收入和消费水平的提高，社会需求结构加快升级，呈现个性化、多样化、优质化、绿色化迅速推进的趋势。这要求农业和农村产业发展顺应需求结构升级的趋势，增强供给适应需求甚至创造需求、引导需求的能力。与此同时，对农村产业发展在继续重视"生产功能"的同时，要求更加重视其生活功能和生态功能，将重视产业发展的资源环境和社会影响，同激发其科教、文化、休闲娱乐、环境景观甚至体验功能结合起来。尤其是随着"90后""00后""10后"逐步成为社会的主流消费群体，产业发展的生活、生态功能更加需要引起重视。以农业为例，要求农业在"卖产品"的同时，更加重视"卖风景""卖温情""卖文化""卖体验"，增加对人才、人口的吸引力。

近年来，电子商务的发展日益引起重视，一个重要原因是其有很好的链接和匹配功能，能够改善居民的消费体验、增进消费的便捷性和供求之间的互联性，而体验、便利、互联正在成为实现社会消费需求结构升级和消费扩张的重要动力，尤其为边角化、长尾性、小众化市场增进供求衔接和实现规模经济提供了新的路径。

2. 突出推进供给侧结构性改革

推进供给侧结构性改革的核心要义是按照创新、协调、绿色、开放、共享的新发展理念，提高供给体系的质量、效率和竞争力，即增加有效供给，减少无效供给，增强供给体系对需求体系和需求结构变化的动态适应和反应能力。当然，这里的有效供给包括公共产品和公共服务的有效供给。这里的提高供给体系质量、效率和竞争力，首先表现为提升农业和农村产业发展的质量、效率和竞争力；除此之外，还表现在政治建设、文化建设、社会建设和生态文明建设等方方面面，体现这些方面的协同性、关联性和整体性。解决好"三农"问题之所以要被始终作为全党工作的"重中之重"，归根到底是因为它是一个具有竞争弱势特征的复合概念，需要基于使市场在资源配置中起决定性作用，通过更好发挥政府作用矫正市场失灵问题。实施乡村振兴战略旨在解决好"三农"问题，重塑新型工农城乡关系。因此，要科学区分"三农"问题形成演变中的市场失灵和政府失灵，以推进供给侧结构性改革为主线，完善体制机制和政策环境。借此，将支持农民发挥主体作用、提升农村人力资本质量与调动一切积极因素并有效激发工商资本、科技人才、社会力量参与乡村振兴的积极性结合起来，通过完善农村发展要素结构、组织结构、布局结构的升级机制，更好地提升乡村振兴的质量、效率和竞争力。

3. 协调处理实施乡村振兴战略与推进新型城镇化的关系

在十九大报告和新版《中国共产党章程》中，"乡村振兴战略"与"科教兴国战略""可持续发展战略"等被列入其中，但"新型城镇化战略"未被列入要坚定实施的七大战略，这并不等于说推进新型城镇化不是一个重要的战略问题。之所以这样，主要有两方面的原因：一是城镇化是自然历史过程。虽然推进新型城镇化也需要"紧紧围绕提高城镇化发展质量"，也需要"因势利导、趋利避害"，仍是解决"三农"问题的重要途径，但城镇化更是"我国发展必然要遇到的经济社会发展过程""是现代化的必由之路"，必须"使城镇化成为一个顺势而为、水到渠成的发展过程"。而实施七大战略则与此有明显不同，更需要摆在经济社会发展的突出甚至优先位置，更需要大力支持。否则，容易出现比较大的问题，甚至走向其反面。二是实施乡村振兴战略是贯穿 21 世纪中叶全面建设社会主义现代化国家过程中的重大历史任务。虽然推进新型城镇化是中国经济社会发展中的一个重要战略问题，但到2030—2035年前后城镇化率达到75%左右后，中国城镇化将逐步进入饱和阶段，届时城镇化率提高的步伐将明显放缓，城镇化过程中的人口流动将由乡—城单向流动为主转为乡—城流动、城—城流动并存，甚至城—乡流动的人口规模也会明显增大。届时，城镇化的战略和政策将会面临重大阶段性转型，甚至逆城镇化趋势也将会明显增强。至于怎样科学处理实施乡村振兴战略与推进新型城镇化的关系？关键是建立健全城乡融合发展的体制机制和政策体系。

4.科学处理实施乡村振兴战略与推进农业农村政策转型的关系

乡村振兴的高质量发展，最终体现为统筹推进增进广大农民的获得感、幸福感、安全感和增强农民参与乡村振兴的能力。2018年，《中共中央国务院关于实施乡村振兴战略的意见》（以下简称"中央一号文件"）把"坚持农民主体地位"作为实施乡村振兴战略的基本原则之一，要求"调动亿万农民的积极性、主动性、创造性，把维护农民群众根本利益、促进农民共同富裕作为出发点和落脚点，促进农民持续增收"。如果做到这一点，不断提升农民的获得感、幸福感、安全感就有了坚实的基础。十九大报告突出强调"坚持以人民为中心"，高度重视"让改革发展成果更多更公平惠及全体人民"。在推进工业化、信息化、城镇化和农业现代化的过程中，农民利益最容易受到侵犯，最容易成为增进获得感、幸福感、安全感的薄弱环节。注意增进广大农民的获得感、幸福感、安全感，正是实施乡村振兴战略的重要价值所在。当然也要看到，在实施乡村振兴战略的过程中，农民发挥主体作用往往面临观念、能力和社会资本等局限。因此，调动一切积极因素，鼓励社会力量和工商资本带动农民在参与乡村振兴的过程中增强参与乡村振兴的能力，对于提升乡村振兴质量至关重要。

（二）坚持农业农村优先发展

习近平总书记在十九大报告中首次提出，要坚持农业农村优先发展。这从根本上是因为工农城乡发展不平衡和"三农"发展不充分，是当前中国发展不平衡不充分最突出的表现。此外，因为"三农"发展对促进社会稳定和谐、调节收入分配、优化城乡关系、增强经济社会活力和就业吸纳能力及抗风险能力等，可以发挥重要的作用，具有较强的公共品属性；在发展市场经济条件下，"三农"发展在很大程度上呈现竞争弱势特征，容易存在市场失灵问题。因此，需要在发挥市场对资源配置起决定性作用的同时，通过更好发挥政府作用，优先支持农业农村发展，解决好市场失灵问题。鉴于"农业农村农民问题是关系国计民生的根本性问题，必须始终把解决好，三农，问题作为全党工作重中之重",按照增强系统性、整体性、协同性的要求和突出抓重点、补短板、强弱项的方向,坚持农业农村优先发展应该是实施乡村振兴战略的必然要求。

学习习近平总书记关于"坚持推动构建人类命运共同体"的思想,也有利于更好地理解坚持农业农村优先发展的重要性和紧迫性。在当今世界大发展、大变革、大调整的背景下,面对世界多极化、经济全球化、社会信息化、文化多样化深入发展的形势,"各国日益相互依存、命运与共,越来越成为你中有我、我中有你的命运共同体"。相对于全球,国内发展、城乡之间更是命运共同体,更需要"保证全体人民在共建共享发展中有更多获得感"。面对国内工农发展、城乡发展失衡的状况,用命运共同体思想指导"三农"工作和现代化经济体系建设,更应坚持农业农村优先发展,借此有效防范因城乡之间、工农之间差距过大导致社会断裂,增进社会稳定和谐。

1. 以完善产权制度和要素市场化配置为重点,优先加快推进农业农村市场化改革

《国务院关于在市场体系建设中建立公平竞争审查制度的意见》(国发[2016]34 号)提出,"公平竞争是市场经济的基本原则,是市场机制高效运行的重要基础""统一开放、竞争有序的市场体系,是市场在资源配置中起决定性作用的基础",要"确立竞争政策基础性地位"。为此,要通过强化公平竞争的理念和社会氛围,以及切实有效的反垄断措施,完善维护公平竞争的市场秩序,促进市场机制有效运转;也要注意科学处理竞争政策和产业政策的关系,积极促进产业政策由选择性向功能性转型,并将产业政策的主要作用框定在市场失灵领域。

为此,要通过强化竞争政策的基础地位,积极营造有利于"三农"发展,并提升其活力和竞争力的市场环境,引导各类经营主体和服务主体在参与乡村振兴的过程中公平竞争,成为富有活力和竞争力的乡村振兴参与者,甚至乡村振兴的"领头雁"。要以完善产权制度和要素市场化配置为重点,加快推进农业农村领域的市场化改革,结合发挥典型示范作用,根本改变农业农村发展中部分领域改革严重滞后于需求,或改革自身亟待转型升级的问题。如在依法保护集体土地所有权和农户承包权的前提下,如何平等保护土地经营权?目前,这方面的改革亟待提速。目前对平等保护土地经营权重视不够,加大了新型农业经营主体的发展困难和风险,也影响了其对乡村振兴带动能力的提升。近年来,部分地区推动"资源变资产、资金变股金、农民变股东"的改革创新,初步取得了积极效果。但随着"三变"改革的推进,如何加强相关产权和要素流转平台建设,完善其运行机制,促进其转型升级,亟待后

续改革加力跟进。

2. 加快创新相关法律法规和监管规则，优先支持优化农业农村发展环境

通过完善法律法规和监管规则，清除不适应形势变化、影响乡村振兴的制度和环境障碍，可以降低"三农"发展的成本和风险，也有利于促进农业强、农民富、农村美。例如，近年来虽然农村宅基地制度改革试点积极推进，但实际惠及面仍然有限，严重影响农村土地资源的优化配置，导致大量宅基地闲置浪费，也加大了农村发展新产业、新业态、新模式和建设美丽乡村的困难，制约农民增收。2018 年中央一号文件已经为推进农村宅基地制度改革"开了题"，明确"完善农民闲置宅基地和闲置农房政策，探索宅基地所有权、资格权、使用权，三权分置，……适度放活宅基地和农民房屋使用权"。这方面的政策创新较之前前进了一大步。但农村宅基地制度改革严重滞后于现实需求，导致宅基地流转限制过多、宅基地财产价值难以显性化、农民房屋财产权难以有效保障、宅基地闲置浪费严重等问题日趋凸显，也加大了农村新产业新业态新模式发展的用地困难。

2018 年中央一号文件提出，"汇聚全社会力量，强化乡村振兴人才支撑""鼓励社会各界投身乡村建设"，并要求"研究制定鼓励城市专业人才参与乡村振兴的政策"。2018 年 3 月 7 日在"两会"期间参加广东代表团审议时，习近平总书记强调"要让精英人才到乡村的舞台上大施拳脚""城镇化、逆城镇化两个方面都要致力推进"。但现行农村宅基地制度和农房产权制度改革滞后，不仅仅是给盘活闲置宅基地和农房增加了困难，影响农民财产性收入的增长；更重要的是加大了城市人口、人才"下乡"甚至农村人才"跨社区"居住特别是定居的困难，不利于缓解乡村振兴的"人才缺口"，也不利于农业农村产业更好地对接城乡消费结构升级带来的需求扩张。在部分城郊地区或发达的农村地区，甚至山清水秀、交通便捷、文化旅游资源丰厚的普通乡村地区，适度扩大农村宅基地制度改革试点范围，鼓励试点地区加快探索和创新宅基地"三权分置"办法，尤其是适度扩大农村宅基地、农房使用权流转范围，有条件地进一步向热心参与乡村振兴的非本农村集体经济组织成员开放农村宅基地或农房流转、租赁市场。这对于吸引城市或异地人才、带动城市或异地资源 / 要素参与乡村振兴，日益具有重要性和紧迫性。其意义远远超过增加农民财产性收入的问题，并且已经不是"看清看不清"或"尚待深人研究"的问题，而是应该积极稳健地"鼓励大胆探索"的事情。建议允许这些地区在保护农民基本居住权和"不得违规违法买卖宅基地，严格实行土地用途管制，严格禁止下乡利用农村宅基地建设别墅大院和私人会馆"的基础上，通过推进宅基地使用权资本化等方式，引导农民有偿转让富余的

宅基地和农民房屋使用权，允许城乡居民包括"下乡"居住或参与乡村振兴的城市居民有偿获得农民转让的富余或闲置宅基地。

近年来，许多新产业、新业态、新模式迅速发展，对于加快农村生产方式、生活方式转变的积极作用迅速凸显。但相关政策和监管规则创新不足，成为妨碍其进一步发展的重要障碍。部分地区对新兴产业发展支持力度过大、过猛，也给农业农村产业发展带来新的不公平竞争和不可持续发展问题。此外，部分新兴产业"先下手为强""赢者通吃"带来的新垄断问题，加剧了收入分配和发展机会的不均衡。要注意引导完善这些新兴产业的监管规则，创新和优化对新经济垄断现象的治理方式，防止农民在参与新兴产业发展的过程中，成为"分享利益的边缘人，分担成本、风险的核心层"。

此外，坚持农业农村优先发展，要以支持融资、培训、营销平台和技术、信息服务等环境建设，鼓励包容发展、创新能力成长和组织结构优化等为重点，将优化"三农"发展的公共服务和政策环境放在突出地位。相对而言，由于乡村人口和经济密度低、基础设施条件差，加之多数农村企业整合资源、集成要素和垄断市场的能力弱，面向"三农"发展的服务体系建设往往难以绕开交易成本高的困扰。因此，坚持农业农村优先发展，应把加强和优化面向"三农"的服务体系建设放在突出地位，包括优化提升政府主导的公共服务体系、加强对市场化或非营利性服务组织的支持，完善相关体制机制。

坚持农业农村优先发展，还应注意以下两个方面。一是强化政府对"三农"发展的"兜底"作用，并将其作为加强社会安全网建设的重要内容。近年来，国家推动农业农村基础设施建设、持续改善农村人居环境、加强农村社会保障体系建设、加快建立多层次农业保险体系等，都有这方面的作用。二是瞄准推进农业农村产业供给侧结构性改革的重点领域和关键环节，加大引导支持力度。如积极推进质量兴农、绿色兴农，加强粮食生产功能区、重要农产品生产保护区、特色农产品优势区、现代农业产业园、农村产业融合发展示范园、农业科技园区、电商产业园、返乡创业园、特色小镇或田园综合体等农业农村发展的载体建设，更好地发挥其对实施乡村振兴战略的辐射带动作用。

（三）坚持走城乡融合发展道路

从党的十六大首次提出"统筹城乡经济社会发展"，到十七届三中全会提出"把加快形成城乡经济社会发展一体化新格局作为根本要求"，再到十九大报告首次提出"建立健全城乡融合发展体制机制和政策体系"，这种重大政策导向的演变反映了我们党对加快形成新型工农城乡关系的认识逐步深化，也顺应了新时代工农城乡关系演变的新特征和新趋势，这与坚持农业农村优先发展的战略导向也是一脉相承、互补共促的。十九大报告将"建立健全城乡融合发展体制机制和政策体系"置于"加快推进农业农村现代化"之前。这说明，建立健全城乡融合发展体制机制和政策体系，同坚持农业农村优先发展一样，也是加快推进农业农村现代化的重要手段。

近年来，随着工农、城乡之间相互联系、相互影响、相互作用不断增强，城乡之间的人口、资源和要素流动日趋频繁，产业之间的融合渗透和资源、要素、产权之间的交叉重组关系日益显著，城乡之间日益呈现"你中有我，我中有你"的发展格局。越来越多的问题，表现在"三农"，根子在城市，或市民、工业和服务业，下同）；或者表现在城市，根子在"三农"。这些问题，采取"头痛医头、脚痛医脚"的办法越来越难解决，越来越需要创新路径，通过"头痛医脚"的办法寻求治本之道。因此，建立健全城乡融合发展的体制机制和政策体系，走城乡融合发展之路，越来越成为实施乡村振兴战略的当务之急和战略需要。借此，按照推进新型工业化、信息化、城镇化、农业现代化同步发展的要求，加快形成以工促农、以城带乡、工农互惠、城乡共荣、分工协作、融合互补的新型工农城乡关系。那么，如何坚持城乡融合发展道路，建立健全城乡融合发展的体制机制和政策体系呢？

1.注意同以城市群为主体构建大中小城市和小城镇协调发展的城镇格局衔接起来

在当前的发展格局下，尽管中国在政策上仍然鼓励"加快培育中小城市和特色小城镇，增强吸纳农业转移人口能力"。但农民工进城仍以流向大中城市和特大城市为主，流向县城和小城镇的极其有限。这说明，当前，中国大城市、特大城市仍然具有较强的集聚经济、规模经济、范围经济效应，且其就业、增收和其他发展机会更为密集；至于小城镇，就总体而言，情况正好与此相反。因此，在今后相当长的时期内，顺应市场机制的自发作用，优质资源、优质要素和发展机会向大城市、特大城市集中仍是难以根本扭转的趋势。但是，也要看到，这种现象的形成，加剧了区域、城乡发展失衡问题，给培育城市群功能、优化城市群内部不同城市之间的分工协作和优势互补关系，以及加强跨区域生态环境综合整治等增加了障碍，不利于疏通城市人才资本和要素下乡的渠道，不利于发挥城镇化对乡村振兴的辐射带动作用。

上述现象的形成，同当前的政府政策导向和资源配置过度向大城市、特大城市倾斜也有很大关系，由此带动全国城镇体系结构重心上移。突出地表现在两个方面，一是政府在重大产业项目、信息化和交通路网等重大基础设施、产权和要素交易市场等重大平台的布局，在公共服务体系建设投资分配、获取承办重大会展和体育赛事等机会分配方面，大城市、特大城市往往具有中小城市无法比拟的优势。二是许多省区强调省会城市经济首位度不够是其发展面临的突出问题，致力于打造省会城市经济圈，努力通过政策和财政金融等资源配置的倾斜，提高省会城市的经济首位度。这容易强化大城市、特大城市的极化效应，弱化其扩散效应，影响其对"三农"发展辐射带动能力的提升，制约以工促农、以城带乡的推进。许多大城市、特大城市的发展片面追求"摊大饼式扩张"，制约其实现集约型、紧凑式发展水平和创新能力的提升，容易"稀释"其对周边地区和"三农"发展的辐射带动能力，甚至会挤压周边中小城市和小城镇的发展空间，制约周边中小城市、小城镇对"三农"发展辐射带动能力的成长。

随着农村人口转移进城规模的扩大，乡—城之间通过劳动力就业流动，带动人口流动和家庭迁移的格局正在加快形成。在此背景下，过度强调以大城市、特大城市为重点吸引农村人口转移，也会因大城市、特大城市高昂的房价和生活成本，加剧进城农民工或农村转移人口融入城市、实现市民化的困难，容易增加进城后尚待市民化人口与原有市民的矛盾，影响城市甚至城乡社会的稳定和谐。

因此，应按照统筹推进乡村振兴和新型城镇化高质量发展的要求，加大国民收入分配格局的调整力度，深化相关改革和制度创新，在引导大城市、特大城市加快集约型、紧凑式发展步伐，并提升城市品质和创新能力的同时，引导这些大城市、特大城市更好地发挥区域中心城市对区域发展和乡村振兴的辐射带动作用。要结合引导这些大城市、特大城市疏解部分非核心、非必要功能，引导周边卫星城或其他中小城市、小城镇增强功能特色，形成错位发展、分工协作新格局，借此培育特色鲜明、功能互补、融合协调、共生共荣的城市群。这不仅有利于优化城市群内部不同城市之间的分工协作关系，提升城市群系统功能和网络效应；还有利于推进跨区域性基础设施、公共服务能力建设和生态环境综合整治，为城市人才、资本、组织和资源等要素下乡参与乡村振兴提供便利，有利于更好地促进以工哺农、以城带乡和城乡融合互补，增强城市化、城市群对城乡、区域发展和乡村振兴的辐射带动功能，帮助农民增加共商共建共享发展的机会，提高农村共享发展水平。实际上，随着高铁网、航空网和信息网建设的迅速推进，网络经济的去中心化、去层级化特征，也会推动城市空间格局由单极化向多极化和网络化演进，凸显发展城市群、城市圈的重要性和紧迫性。

为更好地增强区域中心城市特别是城市群对乡村振兴的辐射带动力，要通过公共资源配置和社会资源分配的倾斜引导，加强链接周边的城际交通、信息等基础设施网络和关键结点、连接线建设，引导城市群内部不同城市之间完善竞争合作和协同发展机制，强化分工协作、增强发展特色、加大生态共治，并协同提升公共服务水平。要以完善产权制度和要素市场化配置为重点，以激活主体、激活要素、激活市场为目标导向，推进有利于城乡融合发展的体制机制改革和政策体系创新，着力提升城市和城市群开放发展、包容发展水平和辐射带动能力。要加大公共资源分配向农业农村的倾斜力度，加强对农村基础设施建设的支持。与此同时，通过深化制度创新，引导城市基础设施和公共服务能力向农村延伸，加强以中心镇、中心村为结点，城乡衔接的农村基础设施、公共服务网络建设。要通过深化改革和政策创新，以及推进"三农"发展的政策转型，鼓励城市企业或涉农龙头企业同农户、农民建立覆盖全程的战略性伙伴关系，完善利益联结机制。

2. 积极发挥国家发展规划对乡村振兴的战略导向作用

十九大报告要求"着力构建市场机制有效、微观主体有活力、宏观调控有度的经济体制"，要求"创新和完善宏观调控，发挥国家发展规划的战略导向作用"。当前，《国家乡村振兴战略规划（2018—2022）》正处于紧锣密鼓的编制过程中，2018年中央一号文件还要求各地区各部门编制乡村振兴地方规划和专项规划或方案。要结合规划编制和执行，加强对各级各类规划的统筹管理和系统衔接，通过部署重大工程、重大计划、重大行动，加强对农业农村发展的优先支持，鼓励构建城乡融合发展的体制机制和政策体系。在编制和实施乡村振兴规划的过程中，要结合落实主体功能区战略，贯彻中央关于"强化乡村振兴规划引领"的决策部署，促进城乡国土空间开发的统筹，注意发挥规划对统筹城乡生产空间、生活空间、生态空间的引领作用，引导乡村振兴优化空间布局，统筹乡村生产空间、生活空间和生态空间。今后大量游离于城市群之外的小城市、小城镇很可能趋于萎缩，其发展机会很可能迅速减少。优化乡村振兴的空间布局应该注意这一方面。

要注意突出重点、分类施策，在引导农村人口和产业布局适度集中的同时，将中心村、中心镇、小城镇和粮食生产功能区、重要农产品生产保护区、特色农产品优势区、现代农业产业园、农村产业融合发展示范园、农业科技园区、电商产业园、返乡创业园、特色小镇或田园综合体等，作为推进乡村振兴的战略结点。20世纪70年代以来，法国中央政府对乡村地区的关注逐步实现了由乡村全域向发展缓慢地区的转变，通过"乡村行动区"和"乡村更新区"等规划手段干预乡村地区发展；同时逐步形成中央政府和地方乡村市镇合力推动乡村地区发展的局面。乡村市镇主要通过乡村整治规划和土地占用规划等手段，推动乡村地区发展。乡村整治规划由地方政府主导，地方代表、专家和居民可共同参与。我国实施乡村振兴战略要坚持乡村全面振兴，但这并不等于说所有乡、所有村都要实现振兴。从法国的经验可见，在推进乡村振兴的过程中，找准重点、瞄准薄弱环节和鼓励不同利益相关者参与，都是至关重要的。此外，建设城乡统一的产权市场、要素市场和公共服务平台，也应在规则统一、环境公平的前提下，借鉴政府扶持小微企业发展的思路，通过创新"同等优先"机制，加强对人才和优质资源向农村流动的制度化倾斜支持，缓解市场力量对农村人才和优质资源的"虹吸效应"。

3. 完善农民和农业转移人口参与发展、培训提能机制

推进城乡融合发展，关键要通过体制机制创新，一方面，帮助农村转移人口降低市民化的成本和门槛，让农民获得更多且更公平、更稳定、更可持续的发展机会和发展权利；另一方面，增强农民参与新型城镇化和乡村振兴的能力，促进农民更好地融入城市或乡村发展。要以增强农民参与发展能力为导向，完善农民和农业转移人口培训提能支撑体系，为乡村振兴提供更多的新型职业农民和高素质人口，为新型城镇化提供更多的新型市民和新型产业工人。要结合完善利益联结机制，注意发挥新型经营主体、新型农业服务主体带头人的示范带动作用，促进新型职业农民成长，带动普通农户更好地参与现代农业发展和乡村振兴。要按照需求导向、产业引领、能力本位、实用为重的方向，加强统筹城乡的职业教育和培训体系建设，通过政府采购公共服务等方式，加强对新型职业农民和新型市民培训能力建设的支持。要创新政府支持方式，支持政府主导的普惠式培训与市场主导的特惠式培训分工协作、优势互补。鼓励平台型企业和市场化培训机构在加强新型职业农民和新型市民培训中发挥中坚作用。要结合支持创新创业，加强人才实训基地建设，健全以城带乡的农村人力资源保障体系。

4. 加强对农村一、二、三产业融合发展的政策支持

推进城乡融合发展，要把培育城乡有机结合、融合互动的产业体系放在突出地位。推进农村一、二、三产业融合发展，有利于发挥城市企业、城市产业对农村企业、农村产业发展的引领带动作用。要结合加强城市群发展规划，创新财税、金融、产业、区域等支持政策，引导农村产业融合优化空间布局，强化区域分工协作、发挥城市群和区域中心城市对农村产业融合的引领带动作用。要创新农村产业融合支持政策，引导农村产业融合发展统筹处理服务市民与富裕农民、服务城市与繁荣农村、增强农村发展活力与增加农民收入、推进新型城镇化与建设美丽乡村的关系。鼓励科技人员向科技经纪人和富有创新能力的农村产业融合企业家转型。注意培育企业在统筹城乡发展、推进城乡产业融合中的骨干作用，努力营造产业融合发展带动城乡融合

发展新格局。鼓励商会、行业协会和产业联盟在推进产业融合发展中增强引领带动能力。

第三节 乡村振兴战略的政策支持及实施步骤

一、户籍制度改革政策

（一）健全落户制度

鼓励各地进一步放宽落户条件，除极少数超大城市外，允许农业转移人口在就业地落户，优先解决农村学生升学和参军进入城镇的人口、在城镇就业居住 5 年以上和举家迁徙的农业转移人口以及新生代农民工落户问题。区分超大城市和特大城市主城区、郊区、新区等区域，分类制定落户政策，重点解决符合条件的普通劳动者落户问题。全面实行居住证制度，确保各地居住证申领门槛不高于国家标准、享受的各项基本公共服务和办事便利不低于国家标准，推进居住证制度覆盖全部未落户城镇常住人口。

（二）保障享有权益

不断扩大城镇基本公共服务覆盖面，保障符合条件的未落户农民工在流入地平等享受城镇基本公共服务。通过多种方式增加学位供给，保障农民工随迁子女以流入地公办学校为主接受义务教育，以普惠性幼儿园为主接受学前教育。完善就业失业登记管理制度，面向农业转移人口全面提供政府补贴职业技能培训服务。将农业转移人口纳入社区卫生和计划生育服务体系，提供基本医疗卫生服务。把进城落户农民完全纳入城镇社会保障体系，在农村参加的养老保险和医疗保险规范接入城镇社会保障体系，做好基本医疗保险关系转移接续和异地就医结算工作。把进城落户农民完全纳入城镇住房保障体系，对符合条件的采取多种方式满足基本住房需求。

（三）完善激励机制

维护进城落户农民土地承包权、宅基地使用权、集体收益分配权，引导进城落户农民依法自愿有偿转让上述权益。加快户籍变动与农村"三权"脱钩，不得以退出"三权"作为农民进城落户的条件，促使有条件的农业转移人口放心落户城镇。落实支持农业转移人口市民化财政政策，以及城镇建设用地增加规模与吸纳农业转移人口落户数量挂钩政策，健全由政府、企业、个人共同参与的市民化成本分担机制。

二、乡村振兴人才支撑政策

实行更加积极、更加开放、更加有效的人才政策，推动乡村人才振兴，让各类人才在乡村大施所能、大展才华、大显身手。

（一）培育新型职业农民

全面建立职业农民制度，培养新一代爱农业、懂技术、善经营的新型职业农民，优化农业从业者结构。实施新型职业农民培育工程，支持新型职业农民通过弹性学制参加中高等农业职业教育。创新培训组织形式，探索田间课堂、网络教室等培训方式，支持农民专业合作社、专业技术协会、龙头企业等主体承担培训。鼓励各地开展职业农民职称评定试点。引导符合条件的新型职业农民参加城镇职工养老、医疗等社会保障制度。

（二）加强农村专业人才队伍建设

加大"三农"领域实用专业人才培育力度，提高农村专业人才服务保障能力。加强农技推广人才队伍建设，探索公益性和经营性农技推广融合发展机制，允许农技人员通过提供增值服务合理取酬，全面实施农技推广服务特聘计划。加强涉农院校和学科专业建设，大力培育农业科技、科普人才，深入实施农业科研杰出人才计划和杰出青年农业科学家项目，深化农业系列职称制度改革。

（三）鼓励社会人才投身乡村建设

建立健全激励机制，研究制定完善相关政策措施和管理办法，鼓励社会人才投身乡村建设。以乡情乡愁为纽带，引导和支持企业家、党政干部、专家学者、医生教师、规划师、建筑师、律师、技能人才等，通过下乡担任志愿者、投资兴业、行医办学、捐资捐物、法律服务等方式服务乡村振兴事业，允许符合要求的公职人员回乡任职。落实和完善融资贷款、配套设施建设补助、税费减免等扶持政策，引导工商资本积极投入乡村振兴事业。继续实施"三区"（边远贫困地区、边疆民族地区和革命老区）人才支持计划，深入推进大学生村官工作，因地制宜实施"三支一扶"、高校毕业生基层成长等计划，开展乡村振兴"巾帼行动"、青春建功行动。建立城乡、区域、校地之间人才培养合作与交流机制。全面建立城市医生教师、科技文化人员等定期服务乡村机制。

三、乡村振兴用地保障政策

完善农村土地利用管理政策体系，盘活存量，用好流量，辅以增量，激活农村土地资源资产，保障乡村振兴用地需求。

（一）健全农村土地管理制度

总结农村土地征收、集体经营性建设用地入市、宅基地制度改革试点经验，逐步扩大试点，加快土地管理法修改。探索具体用地项目公共利益认定机制，完善征地补偿标准，建立被征地农民长远生计的多元保障机制。建立健全依法公平取得、节约集约使用、自愿有偿退出的宅基地管理制度。在符合规划和用途管制前提下，赋予农村集体经营性建设用地出让、租赁、入股权能，明确入市范围和途径。建立集体经营性建设用地增值收益分配机制。

（二）完善农村新增用地保障机制

统筹农业农村各项土地利用活动，乡镇土地利用总体规划可以预留一定比例的规划建设用地指标，用于农业农村发展。根据规划确定的用地结构和布局，年度土地利用计划分配中可安排一定比例新增建设用地指标专项支持农业农村发展。对于农业生产过程中所需各类生产设施和附属设施用地，以及由于农业规模经营必须兴建的配套设施，在不占用永久基本农田的前提下，纳入设施农用地管理，实行县级备案。鼓励农业生产与村庄建设用地复合利用，发展农村新产业新业态，拓展土地使用功能。

（三）盘活农村存量建设用地

完善农民闲置宅基地和闲置农房政策，探索宅基地所有权、资格权、使用权"三权分置"，落实宅基地集体所有权，保障宅基地农户资格权和农民房屋财产权，适度放活宅基地和农民房屋使用权，不得违规违法买卖宅基地严格实行土地用途管制，严格禁止下乡利用农村宅基地建设别墅大院和私人会馆。在符合土地利用总体规划前提下，允许县级政府通过村土地利用规划调整优化村庄用地布局，有效利用农村零星分散的存量建设用地。对利用收储农村闲置建设用地发展农村新产业新业态的，给予新增建设用地指标奖励。

四、多元投入保障政策

健全投入保障制度，完善政府投资体制，充分激发社会投资的动力和活力，加快形成财政优先保障、社会积极参与的多元投入格局。

（一）继续坚持财政优先保障

建立健全实施乡村振兴战略财政投入保障制度，明确和强化各级政府"三农"投入责任，公共财政更大力度向"三农"倾斜，确保财政投入与乡村振兴目标任务相适应。规范地方政府举债融资行为，支持地方政府发行一般债券用于支持乡村振兴领域公益性项目，鼓励地方政府试点发行项目融资和收益自平衡的专项债券，支持符合条件、有一定收益的乡村公益性建设项目。加大政府投资对农业绿色生产、可持续发展、农村人居环境、基本公共服务等重点领域和薄弱环节支持力度，充分发挥投资对优化供给结构的关键性作用。充分发挥规划的引领作用，推进行业内资金整合与行业间资金统筹相互衔接配合，加快建立涉农资金统筹整合长效机制。强化支农资金监督管理，提高财政支农资金使用效益。

（二）提高土地出让收益用于农业农村比例

开拓投融资渠道，健全乡村振兴投入保障制度，为实施乡村振兴战略提供稳定可靠资金来源。坚持取之于地，主要用之于农的原则，制定调整完善土地出让收入使用范围、提高农业农村投入比例的政策性意见，所筹集资金用于支持实施乡村振兴战略。改进耕地占补平衡管理办法，建立高标准农田建设等新增耕地指标和城乡建设用地增减挂钩节余指标跨省域调剂机制，将所得收益通过支出预算全部用于巩固脱贫攻坚成果和支持实施乡村振兴战略。

（三）引导和撬动社会资本投向农村

优化乡村营商环境，加大农村基础设施和公用事业领域开放力度，吸引社会资本参与乡村振兴。规范有序盘活农业农村基础设施存量资产，回收资金主要用于补短板项目建设。继续深化"放管服"改革，鼓励工商资本投入农业农村，为乡村振兴提供综合性解决方案。鼓励利用外资开展现代农业、产业融合、生态修复、人居环境整治和农村基础设施等建设。推广一事一议、以奖代补等方式，鼓励农民对直接受益的乡村基础设施建设投工投劳，让农民更多参与建设管护。

五、金融支农政策

健全适合农业农村特点的农村金融体系，把更多金融资源配置到农村经济社会发展的重点领域和薄弱环节，更好满足乡村振兴多样化金融需求。

（一）健全金融支农组织体系

发展乡村普惠金融。深入推进银行业金融机构专业化体制机制建设，形成多样化农村金融服务主体。指导大型商业银行立足普惠金融事业部等专营机制建设，完善专业化的"三农"金融服务供给机制。完善中国农业银行、中国邮政储蓄银行"三农"金融事业部运营体系,明确国家开发银行、中国农业发展银行在乡村振兴中的职责定位,加大对乡村振兴信贷支持。支持中小型银行优化网点渠道建设,下沉服务重心。推动农村信用社省联社改革,保持农村信用社县域法人地位和数量总体稳定,完善村镇银行准入条件。引导农民合作金融健康有序发展。鼓励证券、保险、担保、基金、期货、租赁、信托等金融资源聚焦服务乡村振兴。

（二）创新金融支农产品和服务

加快农村金融产品和服务方式创新,持续深入推进农村支付环境建设,全面激活农村金融服务链条。稳妥有序推进农村承包土地经营权、农民住房财产权、集体经营性建设用地使用权抵押贷款试点。探索县级土地储备公司参与农村承包土地经营权和农民住房财产权"两权"抵押试点工作。充分发挥全国信用信息共享平台和金融信用信息基础数据库的作用,探索开发新型信用类金融支农产品和服务。结合农村集体产权制度改革,探索利用量化的农村集体资产股权的融资方式。提高直接融资比重,支持农业企业依托多层次资本市场发展壮大。创新服务模式,引导持牌金融机构通过互联网和移动终端提供普惠金融服务,促进金融科技与农村金融规范发展。

（三）完善金融支农激励政策

继续通过奖励、补贴、税收优惠等政策工具支持"三农"金融服务。抓紧出台金融服务乡村振兴的指导意见。发挥再贷款、再贴现等货币政策工具的引导作用,将乡村振兴作为信贷政策结构性调整的重要方向。落实县域金融机构涉农贷款增量奖励政策,完善涉农贴息贷款政策,降低农户和新型农业经营主体的融资成本。健全农村金融风险缓释机制,加快完善"三农"融资担保体系。充分发挥好国家融资担保基金的作用,强化担保融资增信功能,引导更多金融资源支持乡村振兴。制定金融机构服务乡村振兴考核评估办法。改进农村金融差异化监管体系,合理确定金融机构发起设立和业务拓展的准入门槛。守住不发生系统性金融风险底线,强化地方政府金融风险防范处置责任。

六、乡村振兴战略的实施步骤

（一）加强组织领导

坚持党总揽全局、协调各方,强化党组织的领导核心作用,提高领导能力和水平,为实现乡村振兴提供坚强保证。

1. 落实各方责任

强化地方各级党委和政府在实施乡村振兴战略中的主体责任，推动各级干部主动担当作为。坚持工业农业一起抓、城市农村一起抓，把农业农村优先发展原则体现到各个方面。坚持乡村振兴重大事项、重要问题、重要工作由党组织讨论决定的机制，落实党政一把手是第一责任人、五级书记抓乡村振兴的工作要求。县委书记要当好乡村振兴"一总指挥"，下大力气抓好"三农"工作。各地区要依照国家规划科学编制乡村振兴地方规划或方案，科学制定配套政策和配置公共资源，明确目标任务，细化实化政策措施，增强可操作性。各部门要各司其职、密切配合，抓紧制定专项规划或指导意见，细化落实并指导地方完成国家规划提出的主要目标任务。建立健全规划实施和工作推进机制，加强政策衔接和工作协调。培养造就一支懂农业、爱农村、爱农民的"三农"工作队伍，带领群众投身乡村振兴伟大事业。

2. 强化法治保障

各级党委和政府要善于运用法治思维和法治方式推进乡村振兴工作，严格执行现行涉农法律法规，在规划编制、项目安排、资金使用、监督管理等方面，提高规范化、制度化、法治化水平。完善乡村振兴法律法规和标准体系，充分发挥立法在乡村振兴中的保障和推动作用。推动各类组织和个人依法依规实施和参与乡村振兴。加强基层执法队伍建设，强化市场监管，规范乡村市场秩序，有效促进社会公平正义，维护人民群众合法权益。

3. 动员社会参与

搭建社会参与平台，加强组织动员，构建政府、市场、社会协同推进的乡村振兴参与机制。创新宣传形式，广泛宣传乡村振兴相关政策和生动实践，营造良好社会氛围。发挥工会、共青团、妇联、科协、残联等群团组织的优势和力量，发挥各民主党派、工商联、无党派人士等积极作用，凝聚乡村振兴强大合力。建立乡村振兴专家决策咨询制度，组织智库加强理论研究。促进乡村振兴国际交流合作，讲好乡村振兴的中国故事，为世界贡献中国智慧和中国方案。

4. 开展评估考核

加强乡村振兴战略规划实施考核监督和激励约束。将规划实施成效纳入地方各级党委和政府及有关部门的年度绩效考评内容，考核结果作为有关领导干部年度考核、选拔任用的重要依据，确保完成各项目标任务。本规划确定的约束性指标以及重大工程、重大项目、重大政策和重要改革任务，要明确责任主体和进度要求，确保质量和效果。加强乡村统计工作，因地制宜建立客观反映乡村振兴进展的指标和统计体系。建立规划实施督促检查机制，适时开展规划中期评估和总结评估。

（二）有序实现乡村振兴

充分认识乡村振兴任务的长期性、艰巨性，保持历史耐心，避免超越发展阶段，统筹谋划，典型带动，有序推进，不搞齐步走。

1. 准确聚焦阶段任务

在开启全面建设社会主义现代化国家新征程时期，重点加快城乡融合发展制度设计和政策创新，推动城乡公共资源均衡配置和基本公共服务均等化，推进乡村治理体系和治理能力现代化，全面提升农民精神风貌，为乡村振兴这盘大棋布好局。

2. 科学把握节奏力度

合理设定阶段性目标任务和工作重点，分步实施，形成统筹推进的工作机制。加强主体、资源、政策和城乡协同发力，避免代替农民选择，引导农民摒弃"等靠要"思想，激发农村各类主体活力，激活乡村振兴内生动力，形成系统高效的运行机制。立足当前发展阶段，科学评估财政承受能力、集体经济实力和社会资本动力，依法合规谋划乡村振兴筹资渠道，避免负债搞建设，防止刮风搞运动，合理确定乡村基础设施、公共产品、制度保障等供给水平，形成可持续发展的长效机制。

3. 梯次推进乡村振兴

科学把握我国乡村区域差异，尊重并发挥基层首创精神，发掘和总结典型经验，推动不同地区、不同发展阶段的乡村有序实现农业农村现代化。发挥引领区示范作用，东部沿海发达地区、人口净流入城市的郊区、集体经济实力强以及其他具备条件的乡村，到2022年率先基本实现农业农村现代化。推动重点区加速发展，中小城市和小城镇周边以及广大平原、丘陵地区的乡村，涵盖我国大部分村庄，是乡村振兴的主战场，到2035年基本实现农业农村现代化。聚焦攻坚区精准发力，革命老区、民族地区、边疆地区、集中连片特困地区的乡村，到2050年如期实现农业农村现代化。

第二章 乡村振兴战略规划

第一节 乡村振兴战略规划概述

一、乡村振兴战略规划的作用

（一）为实施乡村振兴战略提供重要保障

习近平总书记在参加十三届全国人大一次会议山东代表团审议时强调，推动乡村振兴健康有序进行，要规划先行、精准施策。2018 年 5 月 31 日，中央政治局会议在审议国家《乡村振兴战略规划（2018—2022 年）》时指出，要抓紧编制乡村振兴规划和专项规划。制定乡村振兴战略规划，明确总体思路、发展布局、目标任务、政策措施，有利于发挥集中力量办大事的社会主义制度优势；有利于凝心聚力，统一思想，形成工作合力；有利于合理引导社会共识，广泛调动各方面积极性和创造性。

（二）是实施乡村振兴战略的基础和关键

2018 年的中央一号文件提出，实施乡村振兴战略要实行中央统筹、省负总责、市县抓落实的工作机制。编制一个立足全局、切合实际、科学合理的乡村振兴战略规划，有助于充分发挥融合城乡的凝聚功能，统筹合理布局城乡生产、生活、生态空间，切实构筑城乡要素双向流动的体制机制，培育发展动能，实现农业农村高质量发展。制定出台乡村振兴战略规划，既是实施乡村振兴战略的基础和关键，又是有力有效的工作抓手。当前，编制各级乡村振兴规划迫在眉睫。国家乡村振兴战略规划即将出台，省级层面的乡村振兴战略规划正在抓紧制定，有的省份已经出台；各地围绕乡村振兴战略都在酝酿策划相应的政策和举措，有的甚至启动了一批项目；全国上下、社会各界特别是在农业农村一线工作的广大干部职工和农民朋友都对乡村振兴充满期待。以上这些都迫切要求各地尽快制定乡村振兴规划，一方面与国家和省级乡村振兴战略规划相衔接,另一方面统领本县域乡村振兴各项工作扎实有序开展。

(三)有助于整合和统领各专项规划

乡村振兴涉及产业发展、生态保护、乡村治理、文化建设、人才培养等诸多方面,相关领域或行业都有相应的发展思路和目标任务,有的已经编制了专项规划,但难免出现内容交叉、不尽协调等问题。通过编制乡村振兴规划,在有效集成各专项和行业规划的基础上,对乡村振兴的目标、任务、措施作出总体安排,有助于统领各专项规划的实施,切实形成城乡融合、区域一体、多规合一的规划体系。

(四)有助于优化空间布局,促进生产、生活、生态协调发展

长期以来,我国农业综合生产能力不断提升,为保供给、促民生、稳增长作出重要贡献,但在高速发展的同时,农业农村生产、生活、生态不相协调的问题日益突出,制约了农业高质量发展。通过编制乡村振兴规划,全面统筹农业农村空间结构,优化农业生产布局,有利于推动形成与资源环境承载力相匹配、与村镇居住相适宜、与生态环境相协调的农业发展格局。

(五)有助于分类推进村庄建设

随着农业农村经济的不断发展,村庄建设、农民建房持续升温,农民的居住条件明显改善,但千村一面现象仍然突出。通过编制乡村振兴规划,科学把握各地地域特色、民俗风情、文化传承和历史脉络,不搞一刀切、不搞统一模式,有利于保护乡村的多样性、差异性,打造各具特色、不同风格的美丽乡村,从整体上提高村庄建设质量和水平。

(六)有助于推动资源要素合理流动

长期以来,受城乡二元体制机制约束,劳动力、资金等各种资源要素不断向城市聚集,造成农村严重"失血"和"贫血"。通过编制乡村振兴规划,贯彻城乡融合发展要求,抓住钱、地、人等关键要素,谋划有效举措,打破城乡二元体制壁垒,促进资源要素在城乡间合理流动、平等交换,有利于改善农业农村发展条件,加快补齐发展"短板"。

二、编制乡村振兴战略规划应把握的重点

(一)发挥国家规划的战略导向作用

习近平总书记在党的十九大报告中明确要求,"创新和完善宏观调控,发

挥国家发展规划的战略导向作用"。各部门各地区编制乡村振兴战略规划，应该注意发挥《国家乡村振兴战略规划（2018—2022年）》（以下简称《国家乡村振兴规划》）的战略导向作用。习近平新时代中国特色社会主义思想特别是以习近平同志为核心的党中央关于实施乡村振兴战略的思想，是编制乡村振兴战略的指导思想和行动指南，也是今后实施乡村振兴战略的"指路明灯"。《国家乡村振兴规划》应该是各部门、各地区编制乡村振兴规划的重要依据和具体指南，不仅为我们描绘了实施乡村振兴战略的宏伟蓝图，也为未来五年实施乡村振兴战略细化实化了工作重点和政策措施，部署了一系列重大工程、重大计划和重大行动。各部门、各地区编制乡村振兴战略规划，既要注意结合本部门本地区实际，更好地贯彻《国家乡村振兴规划》的战略意图和政策精神，也要努力做好同《国家乡村振兴规划》工作重点、重大工程、重大计划、重大行动的衔接协调工作。这不仅有利于推进《国家乡村振兴规划》更好地落地，也有利于各部门各地区推进乡村振兴的行动更好地对接国家发展的战略导向、战略意图，并争取国家重大工程、重大计划、重大行动的支持。

在《国家乡村振兴规划》正式发布前，已有个别地区出台了本地区的乡村振兴规划，由此体现的探索精神和创新价值是值得肯定的，但在对接《国家乡村振兴规划》方面，不能说不存在明显的缺憾。当然，如果待《国家乡村振兴规划》正式发布后，再开始相继启动省级特别是地市、县级乡村振兴规划的编制，可能影响规划发布和发挥指导作用的及时性。因为毕竟一个好的规划是需要一定时间"打磨"的，实施乡村振兴战略涉及领域广，现有的理论和政策研究相对不足，还增加了提高规划编制质量的难度。

为协调处理发挥国家规划战略导向作用与增强地方规划发挥指导作用及时性的矛盾，建议各地尽早启动乡村振兴规划编制的调研工作，并在保证质量的前提下，尽早完成规划初稿。待国家规划发布后，再进一步做好地方规划初稿和国家规划的对接工作。县级规划还要待省、地市规划发布后，再尽快做好对接协调工作。按照这种方式编制的地方规划，不仅可以保证国家规划能够结合本地实际更好地落地，也可以为因地制宜地推进乡村振兴的地方实践及时发挥具体行动指南的作用。当然，在此过程中，为提高地方乡村振兴规划的编制质量，要始终注意认真学习党的十九大精神和以习近平总书记为核心的党中央关于实施乡村振兴战略、关于建设现代化经济体系的系列论述和决策部署，并结合本地实际进行创造性转化和探索。

（二）提升规划的战略思维

重视战略思维，首先要注意规划的编制和实施过程更多的不是"按既定方针办"，而是要追求创新、突破和超越，要科学把握"面向未来、吸收外来、扬弃以来"的关系，增强规划的前瞻性。许多人在制定战略规划时，习惯于惯性思维，从现在看未来，甚至从过去看现在，首先考虑当前的制约和短期的局限，"这不能干""那很难办"成为"口头禅"，或者习惯于按照过去的趋势推测未来，这在设计规划指标的过程中最为明显。这不是战略，充其量只能算战术或推算，算可行性分析。按照这种方式编制规划，本身就是没有太大意义的事。按照这种思维方式考虑规划问题，很容易限制战略或规划制定者的想象力，束缚其思维空间，形成对未来发展的悲观情绪和消极心理，导致规划实施者或规划的利益相关者对未来发展缩手缩脚，难以办成大事，也容易导致大量的发展机会不知不觉地"溜走"或流失。

战略需要大思维、大格局、大架构，战略制定者需要辩证思维、远景眼光。当然此处的"大"绝非虚空，而是看得见、摸得着，经过不懈努力最终能够实现。真正的战略不是从过去看未来，而是逆向思维，从未来的终局看当前的布局，从未来推导现在，根据未来的战略方向决定当前如何行动。好的规划应该富有这种战略思维。因此，好的战略规划应该具备激发实施者、利益相关者信心的能力，能够唤醒其为实现战略或规划目标努力奋斗的"激情"和"热情"。好的战略规划，往往基于未来目标和当前、未来资源支撑能力的差距，看挖潜改造的方向，看如何摆脱资源、要素的制约，通过切实有效的战略思路、战略行动和实施步骤，不断弥合当前可能和未来目标的差距。借此，拓展思维空间，激活发展动能，挖掘发展潜力。战略分析专家王成在他的《战略罗盘》一书中提出："惯性地参照过去是人们给自己设置的最大障碍。战略就是要摆脱现有资源的限制，远大的战略抱负一定是与现有的资源和能力不对称的。"战略就是要"唤起水手们对辽阔大海的渴望""战略意图能为企业带来情感和理性上的双重能量"。有些富有战略远见的企业家提出，"有能力定义未来，才能超越战争"。用这些战略思维编制乡村振兴战略规划，实施乡村振兴战略才更有价值。

重视规划的战略思维，要在规划的编制和实施过程中，统筹处理"尽力而为"与"量力而行"、增强信心与保持耐心的关系，协调处理规划制定、实施紧迫性与循序渐进的关系。

重视规划的战略思维，还要注意增强乡村振兴规划的开放性和包容性。增强规划的开放性，要注意提升由外及内的规划视角，综合考虑外部环境变化、区域或城乡之间竞争—合作关系演变、新的科技革命和产业革命，甚至交通路网、信息网发展和转型升级对本地区本部门实施乡村振兴战略的影响，规避因规划的战略定位简单雷同、战略手段模仿复制，导致乡村振兴区域优势和竞争特色的弱化，进而带来乡村振兴的低质量发展。增强规划的包容性，不仅要注意对不同利益相关者的包容，注意调动一切积极因素参与乡村振兴；还要注意区域之间、城乡之间发展的包容，积极引导部门之间、区域之间、城乡之间加强乡村振兴的合作。如在推进乡村产业兴旺的过程中，引导区域之间联合打造区域品牌，合作打造公共服务平台、培育产业联盟等。实际上，增强乡村振兴规划的开放性和包容性，也有利于推进乡村产业振兴、人才振兴、文化振兴、生态振兴和组织振兴"一起上"，更好地坚持乡村全面振兴，增进乡村振兴的协同性、关联性和整体性，统筹提升乡村的多种功能和价值。要注意在开放、包容中，培育乡村振兴的区域特色和竞争优势。

（三）丰富网络经济视角

当今世界，随着全球化、信息化的深入推进，网络经济的影响日益深化和普遍化。

随着交通路网特别是高铁网、航空网和信息网络基础设施的发展，在实施乡村振兴战略的过程中，如何利用网络效应、培育网络效应的问题迅速凸显起来。任何网络都有节点和链接线两类要素，网络功能是二者有机结合、综合作用的结果。在实施乡村振兴战略的过程中，粮食生产功能区、重要农产品生产保护区、特色农产品优势区、农村产业融合示范园、中心村、中心镇等载体和平台都可以看作推进乡村振兴的网络节点，交通路网基础设施信息网络基础设施都可以看作推进乡村振兴的链接线；也可以把各类新型经营主体、各类社会组织视作推进乡村振兴的网络节点，把面向新型经营主体或各类社会组织的服务体系看作链接线；把产业兴旺、生态宜居、乡风文明、治理有效、生活富裕等五大维度，或乡村产业振兴、人才振兴、文化振兴、生态振兴、组织振兴等五大振兴作为推进乡村振兴的网络节点，把推进乡村振兴的体制机制、政策环境或运行生态建设作为链接线，这也是一种分析视角。在实施乡村振兴战略的过程中，部分关键性节点或链接线建设，对于推进乡村振兴的高质量发展，可能具有画龙点睛的作用。在编制乡村振兴战略规划的过程中需要高度重视这一点。

如果推进乡村振兴的不同节点之间呈现互补关系，那么，推进乡村振兴的重大节点项目建设或工程、行动，在未形成网络效应前，部分项目、工程、行动的单项直接效益可能不高；但待网络轮廓初显后，就可能在这些项目或工程、行动之间形成日趋紧密、不断增强的资源、要素、市场或环境联系，达到互为生态、相互烘托、互促共升的效果，产生日益重大的经济、社会、生态、文化价值，带动乡村功能价值的迅速提升。甚至在此背景下，对少数关键性节点或链接线建设的投资或支持，其重点也应从追求项目价值最大化转向追求网络价值最大化。当然，如果推进乡村振兴的不同节点或链接线之间呈现互斥关系，则部分关键性节点或链接线建设的影响，可能正好相反，要防止其导致乡村价值的迅速贬值。

要结合培育网络经济视角，在乡村振兴规划的编制和实施过程中，加强对乡村振兴的分类施策。部分乡村能够有效融入所在城市群，或在相互之间能够形成特色鲜明、分工协作、优势互补、网络发展新关联，应该积极引导其分别走上集聚提升型、城郊融合型、卫星村镇型、特色文化或景观保护型、向城市转型等不同发展道路。部分村庄日益丧失生存发展的条件，或孤立于所在城市群或区域性的生产生活网络，此类村庄的衰败不仅是难以根本扭转的趋势，还可以为在总体上推进乡村振兴创造更好的条件。如果不顾条件，盲目要求此类乡村实现振兴，将会付出巨大的经济社会或生态文化代价，影响乡村振兴的高质量发展和可持续发展。

此外，用网络经济视角编制和实施乡村振兴规划，还要注意统筹谋划农村经济建设、政治建设、文化建设、社会建设、生态文明建设和党的建设，提升乡村振兴的协同性、关联性，加强对乡村振兴的整体部署，完善乡村振兴的协同推进机制。按照网络经济视角，链接大于拥有，代替之前的"占有大于一切"。因此，在推进乡村振兴的过程中，要注意通过借势发展带动造势发展，创新"不求所有，但求所用"方式，吸引位居城市的领军企业、领军人才参与和引领乡村振兴，更好地发挥"四两拨千斤"的作用。这样也有利于促进乡村振兴过程中的区域合作、部门合作、组织合作和人才合作，用开放、包容的理念，推进乡村振兴过程中资源、要素和人才质量的提升。

（四）把编制规划作为撬动体制机制改革深入推进的杠杆

在实施乡村振兴战略的过程中，推进体制机制改革和政策创新具有关键性的影响。有人说，实施乡村振兴战略，关键是解决"人、地、钱"的问题。先不评论这种观点，但解决"人、地、钱"的问题关键又在哪里？还是体制机制改革问题。所以 2018 年中央一号文件特别重视强化乡村振兴的制度性供给。在编制乡村振兴战略规划的过程中，提出推进体制机制改革、强化乡村振兴制度性供给的思路或路径固然是重要的，但采取有效措施，围绕深化体制机制改革提出一些切实可行的方向性、目标性要求，把规划的编制和实施转化为撬动体制机制改革深入推进的杠杆，借此唤醒系列、连锁改革的激发机制，对提升规划质量、推进乡村振兴的高质量发展更有重要意义，正如"授人以鱼不如授人以渔"一样。

如有些经济发达、被动城市化的原农村地区，原来依托区位交通优势，乡村工商业比较发达，城市化推进很快。但长期不重视统筹城乡规划，导致民居和乡村产业园区布局散、乱、杂，乡村产业园改造和城中村治理问题日趋突出。其主要表现是乡村产业园甚至农村民居错乱分布，环境污染和生态破坏问题加重，消防、安全等隐患日趋严重和突出，成为社会治理的难点和广受关注的焦点；农村能人强势与部分乡村基层党建弱化的矛盾时有发生；乡村产业园区分散布局、转型缓慢，并难以有效融入区域现代化经济体系建设的问题日益突出。在这些地区，新型城镇化与乡村振兴如何协调，"三农发展的区域分化与乡村振兴如何有效实现分类施策？这些问题怎么处理？在现有格局下解决问题的难度已经很大。但由于这些地区经济发达，城乡居民收入和生活水平比较高，很容易形成"温水煮青蛙"的格局。村、村民小组和老百姓的小日子比较好过，难以形成改变现状的冲动和危机意识；加之改变现状的难度很大，很容易让人形成"得过且过""过一天是一天"的思维方式。但长远的问题和隐患可能越积越多，等到有朝一日猛然惊醒了，再来想着解决问题，可能为时已晚或难度更大。比如有的城郊村，之前有大量外来资本租厂房发展工商业，也带动了大量外来务工人员租房居住。但随着市场需求变化和需求结构升级，许多传统工商业日益难以为继，亟待转型升级，甚至被迫破产倒闭或转移外迁，带动村民租金收入每况愈下。

在这些地区，不仅产业结构要转型升级，人口、经济甚至民居、产业园的布局方式也亟待转型升级。之前那种"普遍撒网""村村点火"的布局方式，后遗症越来越大。无论是发展先进制造业，还是发展服务业，都要求在空间布局上更加集中集聚，形成集群集约发展态势。在这些地区，有些乡村目前可能感觉还不错，似乎规划部门给它的新上项目"松"个口子，前景就会很好。但从长远来看，实际情况可能不是这样。规划部分给它"松"个口子，乡村暂时的日子可能好过点，但只能说是"苟延残喘"一段时间，今后要解决问题的难度更大，因为"沉没成本"更多了。还有前述生态问题、乡村治理问题，包括我们党组织怎么发挥作用的问题，越早重视越主动，越晚越被动。许多问题如果久拖不决，未来的结果很可能是下列三种结果之一。

第一种结果是慢慢把问题拖下去。但是，越不想改变现状，越对改变现状有畏难情绪，时间长了解决问题的难度就越大，也就越难以解决。这种结果对地方经济社会发展的长期负面影响更大，更容易因为当前治理的犹豫不决，导致未来发展问题的积重难返，甚至盛极而衰。当然，这很可能要到若干年后，问题才会充分暴露出来。第二种结果是有朝一日，环保、治安、消防、党建等问题引起居民强烈不满或媒体关注，或上级考核发出警告，导致政府不得不把其当作当务之急。第三种结果是发生类似火灾、爆炸伤人等恶性安全事故，不得不进行外科大手术式治理。但这种结果的代价可能太惨烈。

显然，这三种结果都不是理想结果，都有很大的后遗症。第二种、第三种结果对地方党政领导人的负面影响很大。习近平总书记要求"坚决打好防范化解重大风险、精准脱贫、污染防治的攻坚战"。在这些地区，乡村产业园改造和城中村治理问题不解决好，这三大攻坚战都难以打好，甚至会加重重大风险、城中村贫困、污染严重化等问题。

但解决上述问题难度很大，仅靠一般性的加强政策甚至投入支持，无异于画饼充饥，亟待在各级政府高度重视解决问题紧迫性的基础上，通过加强相关综合改革的试点试验和推广工作，为解决这些复杂严峻的区域乡村振兴问题探索新路。2018年中央一号文件要求"做好农村综合改革、农村改革试验区等工作"，应加强对这些地区的支持，鼓励其以加强城中村、乡村产业园治理或其他具有区域代表性的特色问题治理为重点，开展农村综合改革和农村改革试验区工作。也可鼓励这些地区直接创建"城乡融合发展体制机制改革试验区"，率先探索、推进城乡融合发展的体制机制和政策创新。

2017年召开的中央农村工作会议提出，要"走中国特色社会主义乡村振兴道路"。重点围绕各地区乡村振兴亟待解决的重大难点问题，组织相关体制机制改革和政策创新的试验，这也是为形成具有区域特色的乡村振兴道路探索了一条新路。推进乡村振兴，每个地方都应走有区域特色的乡村振兴道路。中国特色的社会主义乡村振兴道路，应该是由各地富有区域特色的乡村振兴道路汇聚而成的。

第二节 乡村振兴战略规划制定的基础与分类

一、乡村振兴战略规划制定的基础

乡村振兴战略规划是一个指导未来30余年乡村发展的战略性规划和软性规划，涵盖范围非常广泛，既需要从产业、人才、生态、文化、组织等方面进行创新，又需要统筹特色小镇、田园综合体、全域旅游、村庄等重大项目的实施。因此，乡村振兴战略规划的制定首先须理清五大关系，即20字方针与五个振兴的关系；五个振兴之间的内在逻辑关系；特色小镇、田园综合体与乡村振兴的关系；全域旅游与乡村振兴的关系；城镇化与乡村振兴的关系。

20字方针与五个振兴的关系：产业兴旺、生态宜居、乡风文明、治理有效、生活富裕的 20 字方针是乡村振兴的目标，而习近平总书记提出的产业振兴、人才振兴、文化振兴、生态振兴、组织振兴是实现乡村振兴的战略逻辑，亦即 20 字乡村振兴目标的实现需要五个振兴的稳步推进。

五个振兴之间的内在逻辑关系：产业振兴、人才振兴、文化振兴、组织振兴、生态振兴共同构成乡村振兴不可或缺的重要因素。其中，产业振兴是乡村振兴的核心与关键，而产业振兴的关键在人才，以产业振兴与人才振兴为核心，五个振兴间构成互为依托、相互作用的内在逻辑关系。

特色小镇、田园综合体和乡村振兴的关系：2016 年住建部等三部委开展特色小镇培育工作，2017 年中央一号文件首次提出田园综合体概念，2018 年中央一号文件全面部署乡村振兴战略，它们之间的内在关系密切。从乡村建设角度而言，特色小镇是点，是解决三农问题的一个手段，其主旨在于壮大特色产业，激发乡村发展动能，形成城乡融合发展格局；田园综合体是面，是充分调动乡村合作社与农民力量，对农业产业进行综合开发，构建以"农为核心的乡村发展架构；乡村振兴则是在点、面建设基础上的统筹安排，是农业、农民、农村的全面振兴"。

全域旅游与乡村振兴的关系：全域旅游与乡村振兴同时涉及区域的经济、文化、生态、基础设施与公共服务设施等各方面的建设，通过"旅游＋"建设模式，全域旅游在解决三农问题、拓展农业产业链、助力脱贫攻坚等方面发挥重要作用。

城镇化与乡村振兴的关系：乡村振兴战略的提出，并不是要否定城镇化战略，相反，两者是在共生发展前提下的一种相互促进关系。首先，在城乡生产要素的双向流动下，城镇化的快速推进将对乡村振兴起到辐射带动作用。其次，乡村振兴成为解决城镇化发展问题的重要途径。

二、乡村振兴战略规划的类型与层级

（一）乡村振兴战略规划的类型

1. 综合性规划

乡村规划是特殊类型的规划，需要生产与生活结合。乡村现有规划为多部门项目规划，少地区全域综合规划，运行规则差异较大，如财政部门管一事一议、环保部门管环境集中整治、农业部门管农田水利、交通部门管公路建设、建设部门管居民点撤并等。因此乡村规划应强调多学科协调、交叉，需要规划、建筑、景观、生态、产业、社会等各个多关学科的综合引入，实现多规合一。

2. 制度性规划

2011 年我国的城市人口历史性地超过农村人口，但非完全城镇化背景下，乡村规划与实施管理的复杂性凸显：一是产业收益的不确定性导致的村民收入的不稳定性；二是乡村建设资金来源的多元性；三是部门建设资金的项目管理转向综合管理。乡村规划与实施管理的表征是对农村地区土地开发和房屋建设的管制，实质是对土地开发权及其收益在政府、市场主体、村集体和村民的制度化分配与管理。与此相悖，我国的现代乡村规划是建立在制度影响为零的假设之上，制度的忽略使得规划远离了现实。因此乡村规划与实施管理重心、管理方法和管理工具需要不断调整，乡村规划制度的重要性凸显。

3. 服务型规划

乡村规划是对乡村空间格局和景观环境方面的整体构思和安排，既包括乡村居民点生活的整体设计，体现乡土化特征，也涵盖乡村农牧业生产性基础设施和公共服务设施的有效配置。同时乡村规划不是一般的商品和产品，实施的主体是广大的村民、村集体乃至政府、企业等多方利益群体，在现阶段基层技术管理人才不足的状况下，需要规划编制单位在较长时间内提供技术型咨询服务。

4. 契约式规划

乡村规划的制定是政府、企业、村民和村集体对乡村未来发展和建设达成的共识，形成有关资源配置和利益分配的方案，缔结起政府、市场和社会共同遵守和执行的"公共契约"。《城乡规划法》规定乡村规划需经村民会议讨论同意、由县级人民政府批准和不得随意修改等原则要求，显示乡村规划具有私权民间属性，属于没有立法权的行政机关制定的行政规范性文件，具有不同于纯粹的抽象行政行为的公权行政属性和"公共契约"的本质特征。

（二）乡村振兴战略规划的层级

1. 国家级乡村振兴战略规划

实施乡村振兴战略是党和国家的大战略，必须要规划先行，强化乡村振兴战略的规划引领。所以，2018 年中央一号文件提出来要制定《国家乡村振兴战略规划（2018—2022 年）》，2018 年中央一号文件主要是为实施乡村振兴战略定方向、定思路、定任务、定政策，明确长远方向。简单说，中央一号文件是指导规划的，规划是落实中央一号文件的。事实上在制定中央一号文件的同时，国家发展改革委已经联合有关部门同步起草《规划》，目前，《国家乡村振兴战略规划（2018—2022 年）》已正式出台。应该说，国际级乡村振兴规划是指导全国各省制定乡村振兴战略规划的行动指南。

2. 省级乡村振兴战略规划

省级乡村振兴战略规划是以《中共中央、国务院关于实施乡村振兴战略的意见》和《国家乡村振兴战略规划（2018—2022年）》为指导，同时结合各自省情来制定，一般与国家级乡村振兴战略规划同步。各省乡村振兴战略规划也要按照产业兴旺、生态宜居、乡风文明、治理有效、生活富裕的总要求，对各省实施乡村振兴战略作出总体设计和阶段谋划，明确目标任务，细化实化工作重点、政策措施、推进机制，部署重大工程、重大计划、重大行动，确保全省乡村振兴战略扎实推进。省级乡村振兴战略规划是全省各地各部门编制地方规划和专项规划的重要依据，是有序推进乡村振兴的指导性文件。

3. 县城乡村振兴战略规划

乡村振兴，关键在县。县委书记是乡村振兴的前线总指挥，是落地实施的第一责任人。乡村振兴不是一个形象工程，也不是一个贸然行动，它需要在顶层设计引领下，在县域层面分步踏实地推进。县城乡村振兴是国家乡村振兴战略推进与实施的核心与关键，应该以国家和省级战略为引导，以市场需求为依托，突破传统村镇结构，在城镇规划体系基础上，构建既区别于城市，又与城市相互衔接、相互融合的"乡村规划新体系"，进行科学系统的规划编制，保证乡村振兴战略的有效实施。

（1）县域乡村振兴规划体系

县域乡村振兴规划是涉及五个层次的一体化规划，即《县域乡村振兴战略规划》《县域乡村振兴总体规划》《乡/镇/聚集区（综合体）规划》《村庄规划》《乡村振兴重点项目规划》。一是县域乡村振兴战略规划。县域乡村振兴战略规划是发展规划，需要在进行现状调研与综合分析的基础上，就乡村振兴总体定位、生态保护与建设、产业发展、空间布局、居住社区布局、基础设施建设、公共服务设施建设、体制改革与治理、文化保护与传承、人才培训与创业孵化十大内容，从方向与目标上进行总体决策，不涉及细节指标。县域乡村振兴战略规划应在新的城乡关系下，在把握国家城乡发展大势的基础上，从人口、产业的辩证关系着手，甄别乡村发展的关键问题，分析乡村发展的动力机制，构建乡村的产业体系，引导村庄合理进行空间布局，重构乡村发展体系，构筑乡村城乡融合的战略布局。二是县域乡村振兴总体规划。县域乡村振兴总体规划是与城镇体系规划衔接的，在战略规划指导下，落地到土地利用、基础设施、公共服务设施、空间布局与重大项目，而进行的一定期限的综合部署和具体安排。在总体规划的分项规划之外，可以根据需要，编制覆盖全区域的农业产业规划、旅游产业规划、生态宜居规划等专项规划。此外，规划还应结合实际，选择具有综合带动作用的重大项目，从点到面布局乡村振兴。三是乡/镇/聚集区（综合体）规划。聚集区（综合体）为跨村庄的区域发展结构，包括田园综合体、现代农业产业园区、一二三产业融合先导区、产居融合发展区等。其规划体例与乡镇规划一致。四是村庄规划。村庄规划是以上层次规划为指导，对村庄发展提出总体思路，并具体到建设项目，是一种建设性规划。五是乡村振兴重点项目规划。重点项目是对乡村振兴中具有引导与带动作用的产业项目、产业融合项目、产居融合项目、现代居住项目的统一称呼，包括现代农业园、现代农业庄园、农业科技园、休闲农场、乡村旅游景区等。规划类型包括总体规划与详细规划。

（2）县域乡村振兴的规划内容

一是综合分析。乡村振兴规划应针对"城乡发展关系"以及"乡村发展现状"，进行全面、细致、详实的现场调研、访谈、资料搜集和整理、分析、总结，这是《规划》落地的基础。二是战略定位及发展目标。乡村振兴战略定位应在国家乡村振兴战略与区域城乡融合发展的大格局下，运用系统性思维与顶层设计理念，通过乡村可适性原则，确定具体的主导战略、发展路径、发展模式、发展愿景等。而乡村振兴发展目标的制定，应在中央一号文件明确的乡村三阶段目标任务与时间节点基础上，依托现状条件，提出适于本地区发展的可行性目标。三是九大专项规划。产业规划：立足产业发展现状，充分考虑国际国内及区域经济发展态势，以现代农业三大体系构建为基础，以一二三产融合为目标，对当地三次产业的发展定位及发展战略、产业体系、空间布局、产业服务设施、实施方案等进行战略部署。生态保护建设规划：统筹山水林田湖草生态系统，加强环境污染防治、资源有效利用、乡村人居环境综合整治、农业生态产品和服务供给，创新市场化多元化生态补偿机制，推进生态文明建设，提升生态环境保护能力。空间布局及重点项目规划：以城乡融合、三生融合为原则，县域范围内构建新型"城—镇—乡—聚集区—村"发展及聚集结构，同时要形成一批重点项目，形成空间上的落点布局。居住社区规划：以生态宜居为目标，结合产居融合发展路径，对乡镇、聚集区、村庄等居住结构进行整治与规划。基础设施规划：以提升生产效率、方便人们生活为目标，对生产基础设施及生活基础设施的建设标准、配置方式、未来发展作出规划。公共服务设施规划：以宜居生活为目标，积极推进城乡基本公共服务均等化，统筹安排行政管理、教育机构、文体科技、医疗保健、商业金融、社会福利、集贸市场等公共服务设施的布局和用地。体制改革与乡村治理规划：以乡村新的人口结构为基础，遵循"市场化"与"人性化"原则，综合运用自治、德治、法治等治理方式，建立乡村社会保障体系、社区化服务结构等新型治理体制，满足不同乡村人口的需求。人才培训与孵化规划：统筹乡村人才的供需结构，借助政策、资金、资源等的有效配置，引入外来人才、提升本地人才技能水平、培养职业农民、进行创业创新孵化，形成支撑乡村发展的良性人才结构。文化传承与创新规划：遵循"保护中开发，在开发中保护"的原则，对乡村历史文化、传统文化、原生文化等进行以传承为目的的开发，在与文化创意、科技、新兴文化融合的基础上，实现对区域竞争力以及经济发展的促进作用。四是三年行动计划。首先，制度框架和政策体系基本形成，确定行动目标。其次，分解行动任务，包括深入推进农村土地综合整治，加快推进农业经营和产业体系建设，农村一二三产业融合提升，产业融合项目落地计划，农村人居环境整治等。同时制定政策支持、金融支持、土地支持等保障措施，最后安排近期工作。

第三章 多元目标导向下的乡村治理体系创新

第一节 多元目标管理的理论基础

目标管理是彼得·德鲁克（Peter Drucker）于 1954 年在其著作《管理实践》中率先提出的。目标管理不仅是一种管理方式，也是一种管理哲学，德鲁克主张目标应该从"我们的事业是什么？我们的事业将是什么？我们的事业应该是什么？"这三个问题的答案中得出。德鲁克认为，"管理的真正含义就在于设定目标"，管理是一种围绕目标决策的实践。与传统管理学家不同的是，德鲁克将目标管理从实践的一部分上升到管理哲学的层面提出来，视目标为行动的先导。

德鲁克目标管理思想的出发点是企业管理。他认为："企业的目标是企业的最根本的策略，它既是借以实现企业使命的一种投入，也是一种用以衡量工作绩效的标准"。德鲁克认为，"企业的目标必须是多元的，而非唯一。"各目标之间相互联系、相互制约，形成一个完整的目标系统。对目标的追求不应有所侧重，若有失偏颇将误入歧途。强调目标的多元性、系统性，源于企业组织目标管理体系本身所具有的复杂性，因此各子目标之间的协调显得格外重要。这就要求我们在治理过程中对各个不同阶段、不同层面的目标和需求按照比例原则进行权衡，对各目标的重要程度进行甄别，并按其重要程度进行排序，区分主要目标和次要目标，通过目标管理把人、财、物、司法资源等资源集中起来合理配置，以促成总体目标的实现。目标不是一个战术，而是一种战略。"目标的战略性要求组织结构动态变化并与之相互匹配，现实管理中僵化不变的组织结构是阻碍目标实现的内部障碍。"为此，应该根据目标规定组织中每个人的职能和权限。岗位权限的设置、管理者的责任应以有利于总体目标实现为目的。德鲁克认为："管理的原则就是让个人充分发挥特长，确定共同的愿景和一致的努力方向，实行团队合作，调和个人的目标并实现共同的福祉。目标管理是唯一能够做到这一点的管理原则。"目标管理的内在逻辑是：总目标→支持性目标→岗位→义务→责任→自我控制→（自我实现）成果→成果测评→激励。

目标管理内在逻辑的展开，大概经过目标的确立、实现和成果检测三个阶段。其中，"确立目标"是首要环节。对于如何"确立目标"，德鲁克分析了影响企业生存的八个领域的目标制定思路，并得出以下目标管理原则：（1）目标应具体明确；（2）制定目标应注意各子目标的平衡，比如应注意短期目标与长期目标之间的平衡，保持直接目标与根本目标之间的平衡；（3）制定目标时明确优先次序，尽量就如何克服目标冲突做好预判。目标的实现和成果检测也是目标管理的必要环节。自我控制和参与式管理是行为科学理论在目标实现中的具体运用。从本质上讲，自我控制是一个不间断管理自我的过程。德鲁克认为："目标管理的主要贡献在于，我们能够以自我控制的管理方式来取代强制性管理。目标管理可以把客观的需要转化为个人的目标，通过自我控制取得成就，这是真正的自由。"目标实现的过程还需要实行"参与式管理"，通过自上而下和自下而上相结合的双渠道方式对治理目标进行反复权衡和磋商，以使组织机体所确定目标更具主体性和创造性，有助于增强目标的执行力，便于实现。

德鲁克的目标管理理论提出以后，便在西方国家迅速流传。第一批的应用主体以企业为主，后来被许多国家的行政组织采用。其中比较广为人知的是美国和日本政府均采用目标管理方法，且已取得较大成效。我国很多地方政府和部门也曾大力推广目标管理，1997年，重庆市人民政府通过《重庆市人民政府目标管理工作细则》2001年，安徽省政府出台《关于加强政务督察、规范目标管理工作的通知》；同年，湖北荆门市公布《信访工作目标管理责任书考评实施细则》；2004年，河南省人民政府通过了《2004年度省辖市目标管理体系的通知》。财政部于2018年发布《机关服务中心经营单位经营目标管理和绩效考评暂行办法》；2010年，中国气象局发布《中国气象局关于印发2010年气象部门目标管理考核方案和省（区、市）气象局工作目标及评分标准的通知》；同年，当时的国家人口计生委办公厅发布《关于扩大人口和计划生育目标管理责任制改革试点的通知》；2015年，财政部关于印发《中央对地方专项转移支付绩效目标管理暂行办法》的通知；2016年，农业部办公厅、国家农业综合开发办公室发布《关于做好2016年农业综合开发农业部项目绩效目标管理工作的通知》。

第二节 政府目标管理的实践成效

我国于 20 世纪 80 年代初开始引入政府目标管理理念，并已取得初步成效，同时形成了武汉模式、连云港模式和青岛模式等。

一、武汉模式

（一）武汉政府目标管理实践

武汉市是全国较早实行政府目标管理的城市之一。2002 年，为提高政府目标管理效能，武汉市政府办公厅、武汉市委办公厅联合发布《武汉市目标管理办法》。武汉市党政机关实行分级分类目标管理责任制，市委工作部门，市人大常委会机关，市法院、检察院机关，市政府工作部门和派出机构，市委、市政府议事协调机构的常设办事机构，市政协机关，市人民团体机关，市委、市政府授权承担相应党政管理职能的事业单位，各区党委、政府，中央在武汉和省垂直管理部门，为市一级目标责任单位。并入、归口或挂靠市一级目标责任单位的党政机关以及市一级目标责任单位的内设机构，原则上列为市二级目标责任单位，由主管部门对其实行目标管理。列为市一级目标责任单位和二级目标责任单位的名单，由武汉市目标管理领导机构根据全市目标管理工作需要研究确定并予以公布。各目标责任单位确定之后，根据统筹兼顾、突出重点，责权利相统一，先进可行、高效规范的原则制定和下达目标，确定目标管理指标体系和目标值。武汉市政府专门成立目标办负责应建立目标管理分析协调会制度，对各目标责任单位的目标执行情况进行跟踪分析、协调服务和监督检查，定期对目标实施过程中的有关问题进行分析和协调，监督检查目标实施进度，保证工作目标顺利执行。目标管理的监督检查主要采取日常跟踪、季度通报、半年抽查、年终考核等方式进行。政府行政工作目标实施过程中出现的问题，属于哪一级职责范围内的就由哪一级责任单位协调解决；涉及其他部门或单位的问题，由目标主办单位负责与目标协办单位协商解决；经协商不能达成一致意见的，由牵头单位上报市委督查室和市政府目标办，呈请市目标管理领导小组决定。最后，每年年终，由目标管理单位根据目标执行情况对目标责任单位年度目标的绩效实行考核。

（二）武汉市政府目标管理成效

武汉市实行政府目标管理培育了以人为中心，以目标为导向，以成果为标准的政府文化。年度工作目标的制定和下达是采取自上而下、自下而上、科学论证、民主集中的办法进行的。这种参与式的目标制定方法，一定程度上把组织目标和个人需求结合起来，调动了工作人员的积极性、主动性和创造性。实践中，根据年终考评情况，对目标责任单位分为立功、先进、完成、基本完成和未完成五个等次，分别予以奖惩。根据《武汉市目标管理办法》，获立功单位的目标责任人由市委、市政府授予目标管理"优胜责任人"荣誉称号；对在目标管理工作中做出突出成绩的工作人员，由各目标责任单位申报，市委督查室和市政府目标办审核汇总后提请市目标管理领导小组审定，经市长办公会、市委常委会审议通过后，由市委、市政府授予目标管理"先进工作者"荣誉称号。对目标管理的优胜责任人和先进工作者，市委、市政府颁发荣誉证书和奖金。被市委、市政府授予目标管理"优胜责任人"和"先进工作者"荣誉称号的，经市组织、人事部门批准，退休时可享受提高5%退休费标准的待遇。由于将组织利益与个人利益紧密联系起来了，因而政府目标管理能激励工作人员为实现组织目标而努力，能鼓舞士气。由此可见，政府目标管理具有很好的激励功能。

政府工作"朝令夕改"的弊病得到改善。灵活性是政策的一大特征，但过于灵活却也是一大弊病。虽然政府在决策上有其权力上的自由，也是我们通常所说的权力上的优势，但政府的决策，特别是公共决策有强大的溢出效应，直接或者间接影响社会生活和市场秩序，因此应尽量杜绝决策的任性，因为"朝令夕改"的任性决策在一立一废之间，带给群众的是无所适从和深深的不信任，带给政府的则是公信力的一落千丈和决策成本的巨大浪费。目标管理制度通过对目标的制定和下达、目标的实施和监督，目标的考核和奖惩进行自上而下、由面到点的全方位管理、由此在政府内部建立了一个相互联系、相互依存的目标体系，通过网状目标体系把各单位工作人员有机组织起来，一方面使组织的集体力量得以发挥，另一方面也实现了任务目标化、目标体系化、管理民主化、政策法制化，从而使决策、执行、评估的稳定性成为可能。

二、连云港模式

1988—1990 年间，连云港市人民政府决定在全市二十四个委、办、局试行政府岗位目标管理责任制，各单位的管理目标由单位自己制定，市政府统一年终考核，最终评定出先进个人和先进集体，并予以表彰。各部门以市政府工作报告为依据，在上级主管部门下达任务的基础上，结合本单位实际工作情况确立自身目标。年终考核主要以本单位工作实绩增幅、其他部分的评价、在省内同行业中的地位为评价指标。经过三年的试行，连云港市开始全面实行目标管理。1990 年，连云港政府办公室颁发的《关于考评和制订目标管理责任制的通知》提出全市政府系统全面实施目标管理责任制。1992 年，连云港政府办公室发布的《关于印发连云港市人民政府目标管理实施细则的通知》中确定了目标管理的指导思想、目标制定的基本原则、目标的主要内容。提出建立多项目标管理制度，包括例会制度、报表制度、协调制度、跟踪抽查制度、请示汇报制度。规范了考评办法、考评体系、考核评价加减分标准、考评程序等，将县区奖励与市级部门奖进行了区分，将组织人事安排与目标考评结果挂钩，初步形成了纵向到底、横向到边的目标管理体系。

连云港按照不搞横向攀比、不搞上下对口的要求，摒弃就目标考核目标的僵化教条，在全国率先建立了各条线自成体系的独立的考核评比系统。如在目标管理考评中，将驻连部从市直部门中分离出来，按照规范、统一、可比的要求单设目标考核体系。将区县与市直部门的目标任务和考评指标进行划分。通过实施政府目标管理，上级对下级的管理由直接控制转向间接控制，使上级管理机关有更多的精力专注于宏观管理。由于实施目标管理的过程中，评比绩效、分析偏差所需的时间、精力和费用等比传统管理方式有更加充分的保证，因此有助于及时发现出现的偏差并采取补救措施。连云港目标管理模式在目标设计上实现了总目标与分目标相统一，目标设定与目标考核相统一，目标落实与目标督查相统一，突出了群众性和导向性，整体性和层次性，为连云港目标管理模式成为全国其他城市学习的标杆奠定了基础。

三、青岛模式

1998 年，青岛市委、市政府在全市推行目标管理考核机制。运行五年之后，结合多年经验，市委市政府颁发《关于加强目标管理绩效考核工作的意见》，首次将"物质文明、精神文明、政治文明"建设纳入目标考核指标，并开发了管理绩效考核的计算机软件系统。青岛目标管理绩效考核新体系根据"三个文明"建设中的重点工作分为三大板块。物质文明指标主要由经济总量、经济发展速度、发展质量和重大经济项目目标组成。考虑到以经济建设为中心的要求，这一板块被赋予较高权重。为处理好基数总量与增长速度的关系，体系中对总量指标和增长速度指标实行加权处理；为引导经济良性发展，保证数据信息真实性，对一些重要目标利用其相互制约关系，用关联度系数指标体系进行多角度控制，如财政收入的占比、外贸出口的占比、高新技术产值占规模以上工业总产值的比重、农民收入中非农收入的比重等。政治文明包括社会稳定和党风廉政建设等内容，而且结合本地特色，将"深化五项工程、创建四型机关"纳入其中。精神文明考核包括创建文明城市考核以及社会发展目标体系。新的社会发展目标体系实行差别化量化管理，为体现不同机构的特点，增强目标绩效考核的科学性、一致性、可比性。对不同区市在目标任务、考评指标、指标分值和权重的侧重上有所区别，体现不同地区战略布局和发展方向上的不同要求。一些重大项目被纳入考核体系，比如涉及城市发展战略的重大项目，特别是把四大工业基地建设、三大特色经济等关系城市工业化水平和核心竞争力的重大项目纳入考评范围，并赋予较高的分值权重。同时，为完善运用现代化管理手段提高重要环节的考核水平、提高效率、扩大成果，青岛市开发了目标管理绩效计算机考核系统。"该系统划分为考核上报子系统、动态考核子系统、汇总分析子系统、结果反馈子系统、体系设置子系统五个子系统"。其中，目标上报子系统包括目标制定、目标调整两个部分，其中目标制定又包括目标分解、目标下发、目标拟定、目标审核（内部审核）、目标上报、目标审核（考核委审核）、目标调整、目标确认、目标入库等九个环节（可根据具体情况采用以上环节）。目标管理绩效计算机考核系统的应用，很大程度上满足了市监督考核委员会对各单位目标完成情况的统计分析、计算汇总、定期督查和动态掌握，且降低了管理成本，减轻了人员负担，缩短了数据处理期限，减少了人为干预，使绩效考核工作更加科学、规范、便捷。

第三节 目标管理在公共行政管理中应用的现实困境

自 20 世纪 80 年代我国公共行政领域引入目标管理理论以来，全国二百多个城市建立了政府目标管理体系。相较于传统的政府管理和督查制度，目标管理展现了其强大的效用优势，如在目标的设定、督查和考核过程中使管理由自发走向自觉，从闭着眼睛埋头做事向抬头看路、有章可循转变，从自上而下的单线管理向有条件双向互动转变。目标管理在公共行政管理领域展现出其优于传统行政管理的一面，也遭遇了一些不可忽视的障碍。

一、公共目标设置困难

目标管理的核心是设置目标，设置目标是政府目标管理的第一步。德鲁克曾在其著作中指出，"目标在一个组织中具有非常重要的作用，没有了目标就像轮船没有了罗盘"。设置目标是一项重要且困难的工作，可以说它的难度可与重要性相媲美。

首先，目标冲突难以克服。政府职能部门通常是依据党的纲领性文件、年度《国民经济和社会发展计划》以及地方人大通过的《政府工作报告》制定政府管理总目标——即建设中国特色社会主义五位一体总布局。因此各级地方政府管理指标体系中的一级指标与五个文明建设呈一一对应关系。如《昆明市县（市）区、开发（度假）区经济社会发展年度工作目标差别化考核指标体系（2010年）》一级指标包括经济发展、社会发展与人民生活、生态建设与环境保护、招商引资与投融资、园区建设与发展五个方面。五个方向不同的目标存在冲突时如何化解是难解之题。

其次，目标权重分配难，量化难。设置政府目标需要综合考虑多种因素，而非仅仅考虑量化性更强的效益指标，应更多考虑的是服务效果、社会影响、公平需求、以及生态和环保等因素。例如：给小微企业提供政策支持，目标不仅是为了增加税收、释放产能，更多地是为了增加就业容量，帮助就业人员在劳动中实现自我认同，继而维护社会稳定。有些公共目标由于不可量化，因此数量指标难以反映多维度的公共目标。

二、缺少来自组织外部的参与

首先，政府目标管理缺少群众参与。政策制定过程中，群众的参与程度是衡量一个政府民主发展水平的重要指标。习近平在党的十九大报告中指出："加强协商民主制度建设，形成完整的制度程序和参与实践，保证人民在日常政治生活中有广泛持续深入参与的权利。"政府应吸收群众广泛参与政府公共决策，以参与促民主是建设法治政府的必然要求。目前建立目标管理指标体系的地方政府的多元化管理机制基本已经形成，但实际参与其中并发挥作用的有效主体仅限于组织内部的管理层，其他工作人员参与度有限，组织外部的参与者对政策表达意见和建议的机会更少，往往仅限于受邀参与某些特定程序，并未形成固定制度，且服腐于领导偏好。

其次，组织内部一般工作人员的参与度较低。罗红霞博士曾就昆明市目标管理几大环节存在的内部参与度低的情况做过调查。虽然在目标设置阶段管理层之外的普通工作人员的参与是存在的，但调查显示，采取目标管理模式的单位的多数受访者表述没有签过《目标责任书》，而且表示"上下级不会在一起讨论，下级无权提出修改意见，下级提出的合理意见不会得到采纳，上级不会为下级配备完成任务所需权限，《目标责任书》没有包含考核办法，《目标责任书》没有包含奖惩办法，如客观问题确实不能协调处理，仍然不能修改《目标责任书》"。由此可见，内部参与徒有其表，单位下属对目标任务施加影响的可能性微乎其微，责权利不统一，内部参与未被彻底激活。

三、目标管理指标体系的科学性不足

根据目标管理理论，政府实施目标管理的目的是鼓励群众参与、刺激竞争意识、摆脱官僚主义和形式主义、追求实效。然而梳理我国政府文件可以发现，我国很多地方政府引入目标管理体系的直接目的是提升执行力、狠抓督查落实和作风建设、提高工作效率。实践中，本应具有导向作用的目标异化成为政府自上而下推动政策落实的手段。就目标管理实现过程来看，首先，地方政府以党的重要决定、中央和地方的政府工作报告为蓝本设置中长期目标和年度目标，这一阶段主要实现了中央和地方任务的目标化进程，是目标异化的第一步；目标设置后的第二步为过程管理，主要内容是监督、整改；第三步目标考核的主要功能是奖优罚劣。由此可见，目标管理突出最多的是管理职能中的控制、协调和计划功能，对民主化法制化效用较少关心。功利性较强的指标体系设计，极易引发统计上的虚假行为，影响党风廉政建设。单位领导者的知识结构和管理理念与目标管理要求相去甚远，在即有"命令一服从"公共管理模式下，目标管理的效用有限。

鉴于政府目标管理实施中的上述问题，有学者对"政府部门是否应该应用目标管理"）产生怀疑，认为目标管理理论不应该应用于公共部门。不可否认，我国地方政府推行目标管理制度既取得了一定成效也存在不足之处。但深究可知，目前目标管理实行中存在的问题很少是源于目标管理理念本身，而是在制度的移植过程出了问题。任何有效的制度，不过是制定者、执行者、遵守者就某种特定理念达成共识之后的行为表达。没有形成共识，制度的正能量就不可能被有效激活，缺乏理念的制度，不过是无源之水。在行政机制改革取得巨大成功之前，在群众有能力、有渠道参与政治决策之前，在我们经济挂帅、效率优先、兼顾公平的观念改变之前，在"命令——服从"公共管理模式向"分工——协作"管理模式转变之前，我们就放弃任何有益尝试吗？我们可以尝试进一步扩大部门自主决定权、提高目标管理过程的科学性、民主性以及结果应用性。比如，我们可以尝试由各部门内部经由民主审议自主决定是否在本部门推行目标管理，而不是搞一刀切，由上级部门自上而下大面积推动。其次，在小范围试行阶段，部门上下所有人员尽可能都参与到年度目标设置和讨论中来，并邀请有关专家全程跟踪调研、细致观察、认真总结、反复调整之后再逐步推进。最后，在绩效评估阶段，坚持公平公开透明原则，将数据信息向所有利益相关者公开，与预算分配和人事安排挂钩。

第四节 目标管理：乡村治理体系创新的基础

目标对于一个人、一个组织、一次行动、一项政策、一部法律乃至一个战略的重要性无须讳言，所有的计划、任务都是围绕目标展开的。所谓成功，常常不过是通过目标管理而达到的各要素互相成全、有机共生的一种状态。过去乡村建设运动没有逾越一些本该成功逾越的障碍的重要原因在于没有做好目标管理，存在目标手段混同、目标冲突等问题。

乡村振兴战略背景下的乡村治理，应是为乡村振兴而治理，而非为治理而治理，然而传统乡村建设运动没有逃出为治理而治理的老路。乡村建设和乡村振兴的主要出发点和落脚点应是促进农民共同富裕、维护农民根本利益，不断提高农民的物质文化水平，不断提升农民的安全感、幸福感和获得感。上述目标的渐次实现仰赖不断创新乡村治理方式，把"亿万农民的积极性、主动性、创造性"从外生型治理方式中释放出来，实现"治理有效"。如《国家乡村振兴战略规划（2018—2022 年）》中提到的，重新把"坚持农民主体地位"确立为基本原则，"充分尊重农民意愿，切实发挥农民在乡村振兴中的主体作用"。因为，村民自治是乡村治理的基础。然而，长期以来，本应占主体地位的农民常常成为"他治"的客体。他治，就是"被统治""被治理"或"治于他"的意思。按照政治学的话语来说，就是由一部分人（村干部）或者一个人（村支书）作为权力享有和使用者，广大村民作为被治理者。乡村治理史上，治理主体不断发生变化，从保甲、士绅到"村委""村两委"，权威来源不断变化，但农民"治于人"的社会地位没有得到根本改变。村民的"公民身份"没有得到法律和制度保障、村民民主参与的渠道不畅，使得乡村权威的公共性被营利性所取代，村民对公共利益的关心转而变为灰心，从而对公共事务愈发漠视。因此，我们可以总结说，过去的乡村建设活动成效是比较低的，如今乡村振兴战略在总要求之一为治理有效。"任何一场剧烈的社会变革运动，要实现其预定的目标，不仅要从根本上改变旧的国家治理体系及其制度安排，进而创造新的国家治理体系，形成新的制度机制，而且要在新的国家治理体系及其制度依托的基础上，致力于建构有机的乡村社会治理秩序，释放广大社会民众建设新国家与新生活的巨大社会能量中。"人们通过有效治理获得发展和秩序。探索创新治理方式的根本目标是满足人们不断增长的物质文化需求，实现群众的根本利益。背离治理总目标的改革即使路径再精致也不会取得应有成效。

对此，党的十九大报告重提"村民自治"，《国家乡村振兴战略规划（2018—2022年）》将"坚持农民主体地位"确立为基本原则，起到拨乱反正的作用。我国实施村民自治制度70年，过程曲折复杂。中华人民共和国成立之初，国家乡村建设的重心是通过重构国家制度恢复和建构乡村秩序，通过土地改革和农业合作化运动为建构乡村治理新秩序提供了社会经济条件。在土地改革中，国家注重引导村民自治，1950年的《土地改革法》和《农民协会组织通则》均规定由农民协会作为土地制度改革的执行者。农民协会是农民自愿结合而成的群众组织，其主要任务是改善农民生活条件，保障农民经济利益和政治权利，提高农民文化水平。然而，农业合作化运动、人民公社和农业的社会主义改造迫使村民自治进程发生了转向。"在中华人民共和国成立之后相当长的一段时间内，由于'苏联模式'的影响，加之根深蒂固的传统基础以及国际国内的实际情况，建构了一个高度集权化的政治、经济与社会体制，国家对社会经济生活实行一元化的全面控制，整个社会生活缺乏应有的活力。"此后，撤社建乡成为下个时期恢复村民自治制度、创新乡村治理体系、重塑国家与农村关系格局的重要举措。乡政村治和农村家庭联产承包责任制的不断推进在一定程度上给村民松了绑，释放了部分活力。此后，村民自治成为乡村治理的"基础性制度载体"。1982年《宪法》第111条第1款规定："城市和农村按居民居住地区设立的居民委员会或者村民委员会是基层群众性自治组织"。1979年9月28日党的十一届四中全会通过的《关于加快农业发展若干问题的决定》明确提出要"充分发挥我国八亿农民的积极性"，"在经济上充分关心他们的物质利益，在政治上切实保障他们的民主权利"，"人民公社、生产大队和生产队的所有权和自主权应该受到国家法律的切实保护，任何单位和个人都不得任意剥夺或侵犯它的利益"，"任何单位和个人，绝对不允许无偿调用和占有生产队的劳力、土地、牲畜、机械、资金、产品和物资。国家各部门在农村举办各种企事业（农民自愿举办和各种企事业不在内），除了国家有法律法令规定的以外，决不允许给集体和社员增加任何负担。"在法律和制度保障下，人们在实践中不断因地制宜地发展多种形式的农业生产合作方式，探索新型乡村治理模式。党的十八大以来，我国乡村治理体系建设进入新时代。党的十八大报告明确提出，"要健全基层党组织领导的充满活力的基层群众自治机制"，党的十九大报告重申要"加强农村基层基础工作，健全自治、法治、德治相结合的乡村治理体系"。这些都充分表明了国家与乡村关系格局的重大转向。历史经验告诉我们，村民自治、还权于民，是新时代乡村治理体系建设的必然抉择。

村民自治是相对于他治而言的，是村民对于自身事务享有自主决定权、对自身相关事务具有参与权，并对其行为承担责任的一种治理方式。自治的基础性地位的确立，源于人们对以下几个认识达成共识：（1）个人是自身利益的最佳判断者；（2）个人是自身事务的最佳决定者；（3）相较于他治，个人对自身利益的追逐、对自身事务的管理，成本更低、效果更好；（4）个人自治的界限是他人自治的边缘；（5）人们对自治与他治界限的共识形成法治。由此，我们有理由认为，相比于他治，自治更有助于促成一个社会迸发潜在动力、形成基础性秩序。村民自治的价值和力量使得人们在寻求符合社会发展需要的乡村治理方式时被重新重视。

第五节 乡村治理目标管理体系的创建

党的十九大报告首次提出在全国范围内实施乡村振兴战略。乡村振兴战略是根据新形势需要对十六届五中全会提出的新农村建设的升级和发展。乡村振兴战略的总要求——"乡风文明、产业兴旺、治理有效、生态宜居、生活富裕"，是对十六届五中全会提出的"乡村文明、生产发展、管理民主、村容整洁、生活宽裕"总要求的升级和发展。从两者之间的变化中，我们可以发现，在治理要求上，"治理有效"取代了"管理民主"。"管理"存在着目标与手段、主体与对象、主体与客体的严格二元界分。"治理"则预示着"多元协同治理"，突出社会多元主体的共同参与。在这种模式下，参与其中的各主体互为手段和目标，融合为一个有机整体。虽然政府依然是公共管理职能的主要承担者，但是由于村民、民间组织、当地企业、村民委员会、镇政府等多个主体为着共同的目标相互配合，形成了一种有机合作关系，从而使过去的被管理者以更加积极的身份出现，和政府一起关心公共利益，承担一定的公共责任。"管理民主"强调过程、方式，即通过民主的方式吸引、保障更多的相关主体参与其中。但由于管理者的理念没有根本转变，目标也相对单一，依旧延续着以往"管理农民"的思路，以维护乡村秩序为目标，更多着眼于依靠行政强制力量"管住"村民。在这种管理模式下，管理者（村民委员会、村党委及其他实际管理者）对村庄事务享有决定管理权，形式上民主参与，实则搞"一言堂"，村民参与感低，从而对村庄建设和村庄事务漠不关心。鉴于过去"民主管理"效果不佳，新时期乡村治理体系的建设更注重成效，因此乡村振兴战略提出以"治理有效"为基础。

如何治理才称得上有效？有效的字面意思是有效果、有成效。乡村治理欲达到怎样的效果？实现什么目标？党的十九大报告中没有予以明确。但报告有要求各地方"加强农村基层基础工作，健全自治、法治、德治相结合的乡村治理体系"。对此，我们可以理解为：建成三治融合的乡村治理体系是乡村有效治理的基础，也是目标之一。2018 年中央 1 号文件《关于实施乡村振兴战略的意见》再次重申要"坚持农民主体地位"，把满足农民不断增长的物质文化需要作为乡村振兴的出发点和落脚点，并提到乡村振兴，治理有效是基础。尽管对于何为有效治理，同样没有予以明确，但形成了较为清晰的制度框架，即建立"党委领导、政府负责、社会协同、公众参与、法治保障的现代乡村社会治理体制"，目标是"确保乡村社会充满活力、和谐有序"。同年，中共中央、国务院印发了《乡村振兴战略规划（2018—2022 年）》（以下简称《规划》）。《规划》进一步明确了乡村振兴的发展目标，并初步建立了治理有效的指标体系，包括"村庄规划管理覆盖率，建有综合服务站的村占比，村党支部书记兼任村主任的村占比，有村规民约的村占比，集体经济强村比重"。由此可见，以乡村振兴总要求为出发点的乡村治理体系的目标是多元的，并已经呈现出多元发展局面。乡村治理目标管理体系的创建解决的是由多元发展目标向多元发展指标体系转化的问题，如何实现转化？解决这一问题亟须克服治理有效指标体系中的目标冲突问题，克服目标冲突是对主要目标进行数字化管理的第一步。

乡村治理中存在的目标冲突是指有效治理的指标体系中存在多个预选目标，且多个目标具有同等强度吸引力，受条件所限无法同时获取时所引起的冲突。乡村治理所欲实现的目标至少包括：实现三治融合、维护农民权益、化解农村矛盾、规范农村秩序、治理生态环境。上述目标可能存在以下冲突：村民自治与他治的冲突、法治与德治的冲突、增加农民收益与治理生态环境的冲突，维护农民权利与维护农村秩序的冲突。目标冲突的客观存在，需要我们积极应对，因为目标冲突问题处理不好，直接影响乡村振兴总目标的实现。

根据目标管理理论，一个规划得以顺利落实所需的步骤和条件包括：第一，目标清晰、明确；第二，制定具体的子目标及评价标准；第三，检测目标实现情况；第四，反思不足并调整、取消部分子目标。上述步骤和条件的实现是围绕总目标展开的，包括目标设置、目标分解、指标预选、目标实施、目标评估等目标管理全过程。因此可以通过目标管理预防、缓解、消除目标冲突。首先设定目标指标体系，构建包括村民自治、德治支撑、法治保障、权益增加、秩序井然、环境友好在内的六个二级指标，每个二级指标向下设置若干个观测指标，每个观测指标分配相应的权重，从而形成一张目标管理量表，根据量表实现情况打分，对参与乡村治理的各基层单位进行绩效评估，奖优罚劣，激励各组织各群体提升乡村治理成效。

第四章 我国农村的经济制度研究

第一节 农村经济概述

一、农村经济的内容、特点与类型

（一）农村经济的内容与特点

1. 农村经济的内容

农村经济是农村中的经济关系和社会关系的总称。包括农、林、牧、副、渔、工、商、运、建、服等所有经济部门或行业。

2. 农村经济的特点

（1）主要实行家庭承包经营制。

（2）各地经济发展不平衡，东部比较发达，西部比较落后。

（3）农业劳动力数量多，素质差。

（4）农村生态环境保护任重道远。

（5）土地、资本、科技等资源不足，其它自然资源条件较差。

（二）农村经济的类型

我国农村经济的9大类型：

（1）国有经济；（2）集体经济；（3）私营经济；（4）个体经济；（5）联营经济；（6）股份制经济；（7）外商投资经济；（8）港澳台投资经济；（9）合作经济。

1. 国有农业

国有农业指生产资料归国家所有的一种经济类型，是社会主义公有制经济的重要组成部分。主要指中央和地方各级国家机关、事业单位和社会团体使用国有资产投资兴办的农业，如国有农场、林场、牧场、茶场、渔场及其他农业事业性单位。

2. 集体农业

集体农业指生产资料归农民集体所有的一种经济类型，是社会主义公有制经济的组成部分。包括城乡所有使用集体投资举办的企业。

3. 私营农业

私营农业指生产资料归公民私人所有，以雇佣劳动为基础的一种经济类型。包括所有按国家法律、法规登记注册的私营独资农业、私营合伙农业和私营有限责任制农业单位。

4. 个体农业

个体农业指生产资料归劳动者个人所有，以个体劳动为基础，劳动成果归劳动者个人占有和支配的一种农业经济。

5. 联营农业

联营农业指不同所有制之间或者企业、事业单位之间共同投资组成新的农业经济实体的一种经济类型。联营经济只包括具备法人条件的紧密型联营企业。

6. 股份制农业或股份合作制农业

股份制农业或股份合作制农业指全部注册资本由全体股东共同出资，并以股份形式投资举办的一种经济类型。股份制经济主要有股份有限公司和有限责任公司两种组织形式。股份合作制农业是股份制与合作制相结合的一种类型。

7. 外商投资农业

外商投资农业指国外投资者根据我国有关涉外经济的法律、法规，以合资、合作或独资的形式在大陆境内形成的一种经济类型。

8. 港澳台投资农业

港澳台投资农业指港、澳、台地区投资者依照中华人民共和国有关涉外经济的法律、法规，以合资、合作或独资的形式在大陆举办的一种经济类型。

9. 合作经济

这是我国农村经济的主要类型。合作经济是指由劳动者自愿联合起来，共同占有生产资料、共同劳动，按劳分配的经济形式。

二、农村经济的地位

（一）农业是国民经济的基础

农业是农村经济的主导性产业。农村经济的地位，主要体现在农业在国民经济中的基础地位和作用。具体可从以下四个方面说明：

1. 农业是人类基本生活资料的主要来源

农业的首要职能，就是满足社会对食品和衣着这些基本生存资料的需要。结合我国的实际情况，可从吃、穿、烧三个方面来说明：

（1）农业是我国12亿人口食品的唯一来源

人类的生存、吃饭问题是头等大事。基本生存靠农业，改善生活质量也靠农业。从温饱型到营养型的膳食结构都是以农业为基础。

（2）农业是人们穿衣需要的主要来源

目前，我国衣着原料的80%来源于农业，合成纤维仅占20%左右。即使今后化纤产品还要发展，但化工原料总是有限的，是不可再生的；而天然纤维是一种可再生的资料，是其它工业原料永远无法替代的。

（3）农业是农户燃料的主要来源

目前农民的生活燃料大约70%来源于农业的副产品秸秆和柴草。

2. 农业是其他物质生产部门独立和发展的基础

从人类社会发展历史的过程所表现的生产部门分工情况可以看出：原始社会初期和中期，由于生产力不发达，农业是人类社会唯一的物质生产部门。

原始社会后期，农业劳动生产率提高了，农产品有了剩余，手工业逐步从农业中分离出来，成为独立的行业。

奴隶社会的形成和发展，随着农业和手工业的发展，商品交换的范围和规模不断扩大，结果又使商业成为独立的行业。

总之，由于农业的发展，才使工业、商业等国民经济的其他非农业生产部门独立起来，农业是各部门发展的基础。

3. 农业是非物质生产部门存在和发展的基础

在国民经济系统中，除物质生产部门外，还包括文教、卫生、体育、科技等非生产部门。这些非物质生产部门的存在和发展，也是由农业生产力发展的水平决定的。

4. "农业是国民经济的基础"是一条普遍规律

"农业是国民经济的基础"，这是一条普遍性的规律，主要表现在以下方面：

（1）从社会发展的纵向过程来看，无论是原始社会、奴隶社会、封建社会，还是现代资本主义的不同社会阶段，农业都是基础地位。

（2）从国际的横向之间来看，无论是经济发达国家，还是欠发达国家，尽管各国农业的比重不同，但从根本上说农业都是国民经济的基础。

（二）农业对国民经济的作用

农业对国民经济的基础作用集中表现在农业劳动生产率的提高是其他一

切产业得以发展的前提。农业增长对国民经济发展具有多方面的作用，这可以从农业的多方面贡献来说明。

1. 产品贡献

农业产品对国计民生的贡献主要可分为以下两个方面：

（1）对人民生活——食品、衣着、燃料等。

（2）对工业生产——提供各种原料，食品加工，纺织业、橡胶化工业、木材业等。

2. 外汇贡献

（1）直接性创汇：农业作为外汇来源或平衡外汇收支的手段，是非常重要的。我国目前以农产品及其加工品的出口比重，占40%以上。

（2）间接性创汇

这是由于我国自产农产品的增加，替代了进口农产品，从而节约了外汇。

3. 稳定贡献

农业对国民经济的稳定贡献可从两个方面理解：

（1）对经济稳步发展的贡献。如前所述，农业是国民经济的基础。

（2）对社会稳定发展的贡献。我国是农业大国，农村社会占有绝大部分。农业发展了，农民富裕、安居乐业，农村社会必然稳定，进而有利于全社会的稳定。

4. 劳动贡献

农业对国民经济的劳动贡献主要表现在以下几个方面：

（1）就地直接容纳大量农村劳动力就业

避免农业人口盲目流动，减少城市就业压力。

（2）为城镇经济建设提供劳动力

农村廉价劳动力参与市场竞争，促进国民经济发展。

（3）为改革开放，引进外资提供廉价劳动力

5. 市场贡献

（1）市场份额贡献

我国农业人口占整个人口的比重很大，非农产业的产品和服务在相当高的程度上要依赖农业人口作为消费对象。农业发展和农民收入的提高，为非农产业提供不断扩大的市场。农村的零售额约占全社会消费品零售额的一半左右。农村经济越发展，农民收入增加得越快，农村市场所占的份额就越大。

（2）市场体系建设的贡献

深化农产品流通体制改革，完善农产品市场体系，对于社会主义市场体系的建设起到举足轻重的作用。

6. 环境贡献

农村环境状况如何，关系中华民族生存和发展的长远大计。这主要体现在两方面：

（1）改善生态环境方面

如提高森林覆盖率、治理水土流失等，这样直接有利于农业的稳产增产。

（2）改善生活环境方面

农村环境建设，有利于绿化大地、净化空气、美化人们生活环境，提供旅游场所等。

7. 资本贡献

（1）农业对国民经济的投资贡献

通过各种渠道向非农领域投资。同时，农业也为乡镇企业提供了启动和发展的资本。

（2）储蓄贡献

来自农村的储蓄占全国储蓄额的一大部分，这方面贡献也不可低估。

第二节 我国的土地制度

一、土地所有制

《宪法》《物权法》和《土地管理法》规定了中国现行的土地所有制的性质、形式和不同形式的土地所有制的适用范围，以及土地的使用和管理制度。《土地管理法》第二条规定："中华人民共和国实行土地的社会主义公有制，即全民所有制和劳动群众集体所有制。"

（一）国有土地

全民所有制的土地被称为国家所有的土地，简称国有土地，其所有权由国务院代表国家行使。《土地管理法》第二条规定，全民所有，即国家所有土地的所有权由国务院代表国家行使。城市市区的土地属于国家所有。《宪法》《物权法》都明确规定，城市的土地属于国家所有。《土地管理法》第八条明确规定，城市市区的土地属于国家所有。这里所说的城市是指国家设立市建制的城市，不同于某些法律、法规中的城市含义。建制镇不属于《宪法》《土地管理法》所说的城市范畴，也不属于其所说的农村和城市郊区的范畴。《土地管理法实施条例》第二条进一步明确了国有土地的范畴，包括：

（1）城市市区的土地；

（2）农村和城市郊区中已经依法没收、征收、征购为国有的土地；

（3）国家依法征收的土地；

（4）依法不属于集体所有的林地、草地、荒地、滩涂及其他土地；

（5）农村集体经济组织全部成员转为城镇居民的，原属于其成员集体所有的土地；

（6）因国家组织移民、自然灾害等原因，农民成建制地集体迁移后不再使用的原属于迁移农民集体所有的土地。

（二）集体土地

劳动群众集体所有制的土地采取的是农民集体所有的形式，该种所有制的土地被称为农民集体所有土地，简称集体土地。

农民集体的范围有下列三种：

（1）村农民集体；

（2）村内两个以上农村集体经济组织的农民集体；

（3）乡（镇）农民集体。

《土地管理法》第十条规定，农民集体所有的土地依法属于村农民集体所有的，由村集体经济组织或者村民委员会经营、管理；已经分别属于村内两个以上农村集体经济组织的农民集体所有的，由村内各该农村集体经济组织或者村民小组经营、管理；已经属于乡（镇）农民集体所有的，由乡（镇）农村集体经济组织经营、管理。

二、土地管理的基本制度

（一）土地登记制度

根据《土地管理法》和《土地登记规则》，国家依法对国有土地使用权、集体土地所有权、集体土地使用权和土地他项权利进行登记。土地登记由县级以上人民政府登记造册，确认有关土地权利。属于国有土地的，核发《国有土地使用证》，确认国有土地使用权；属于农民集体所有土地的，核发《集体土地使用证》，确认集体土地使用权；属于土地他项权利的，核发土地他项权利证明书，确认土地他项权。他项权利包括：抵押权、承租权以及法律、行政法规规定需要登记的他项权利。

（二）土地有偿有限期使用制度

除国家核准的划拨用地以外，凡新增土地和原使用的土地改变用途或使用条件、进行市场交易等，均实行有偿有限期使用。

《土地管理法》第二条规定，国家依法实行国有土地有偿使用制度。但是，国家在法律规定的范围内划拨国有土地使用权的除外。《城镇国有土地使用权出让和转让暂行条例》第八条也明确规定，土地使用权出让是指国家以土地所有者的身份将土地使用权在一定年限内让与土地使用者，并由土地使用者向国家支付土地使用权出让金的行为。

（三）土地用途管理制度

根据土地利用总体规划，将土地用途分为农用地、建设用地和未利用地。土地用途管理制度的核心是不能随意改变农用地的用途。农用地转用须经有批准权的人民政府核准。控制建设用地总量，严格限制农用地转为建设用地。

（四）耕地保护制度

十分珍惜、合理利用土地和切实保护耕地是我国的基本国策。《物权法》规定，国家对耕地实行特殊保护，严格限制农用地转为建设用地，控制建设用地总规模。耕地主要是指种植农作物的土地，包括新开垦荒地、轮歇地、草田轮作地；以种植农作物为主兼有零星果树、桑树或者其他树木的土地；耕种 3 年以上的滩地和滩涂等。

三、土地征收和建设用地供应

（一）集体土地征收

征收集体土地是国家为了公共利益的需要，依法将集体所有有土地转为国有土地并给予补偿的行为。集体土地使用权不得出让、转让或者出租用于非农业建设，但是符合土地利用总体规划并依法取得建设用地使用权的企业，因破产、兼并等情形致使土地使用权依法发生转移的除外。

1. 征收集体土地的特点

①强制性。征地是国家的特有行为，被征地单位和人员要服从国家的需要。

②要妥善安置被征地单位和人员的生产和生活，用地单位向被征地单位给予经济补偿，保证被征地农民的生活水平不因征收土地而降低。

③被征收后的土地所有权发生转移，即集体土地变为国有土地。

2. 征收集体土地的补偿

土地补偿的范围和补偿、补助标准的确定，是征地工作的主要内容，也是一项难度较大的工作，涉及国家、集体、个人的利益。组织征地的地方政府必须按征地协议书如数支付补偿费，被征地单位不得额外索取。在征地告知后，凡被征地农村集体经济组织和农民在拟征土地上抢栽、抢种、抢建的地上附着物和青苗，征地时一律不予补偿。根据《土地管理法》的规定，征收耕地的补偿费用包括土地补偿费、安置补助费以及地上附着物和青苗的补偿费。《物权法》还规定，除要依法足额支付上述费用外，还应当安排被征地农民的社会保障费用，保证被征地农民的生活，维护被征地农民的合法权益。

根据《土地管理法》的规定，农民集体所有土地的土地使用权不得出让、转让或者出租用于非农业建设。除耕地外，农民集体所有的土地只能用于乡镇企业、乡镇村公共设施和公益事业以及农民住宅建设。

由此可见，集体建设用地使用权不能直接进入土地市场。近几年来，我国土地制度改革不断深化，国务院先后出台了一系列涉及农村集体建设用地的规定，明确提出要研究探索集体建设用地使用权进入市场的途径。

3. 拆迁补偿

拆迁补偿是指房屋征收部门自身或者委托房屋征收实施单位依照我国集体土地和国有土地房屋拆迁补偿标准的规定，在征收国家集体土地上单位、个人的房屋时，对被征收房屋所有权人给予公平补偿。

《国有土地上房屋征收与补偿条例》规定，从2011年1月21日起，我国开始实行国家拆迁制度，不再实行拆迁许可制度，即国家应出让净地。市、县级人民政府负责本行政区域的房屋征收与补偿工作。市、县级人民政府确定的房屋征收部门组织实施本行政区域的房屋征收与补偿工作。房屋征收部门可以委托房屋征收实施单位，承担房屋征收与补偿的具体工作。房屋征收实施单位不得以营利为目的。

（二）建设用地供应

1. 建设用地使用权出让

建设用地使用权出让，是指国家将国有土地使用权在一定年限内出让给土地使用者，由土地使用者向国家支付土地使用权出让金的行为。土地出让必须以宗地为单位提供规划条件、建设条件和土地使用标准，严格执行商品住房用地单宗出让面积规定，不得将两宗以上地块捆绑出让，不得"毛地"出让。拟出让地块要依法进行土地调查和确权登记，确保地类清楚、面积准确、权属合法，没有纠纷。

2. 建设用地使用权的出让方式

《物权法》规定，工业、商业、旅游、娱乐和商品住宅等经营性用地以及同一土地有两个以上意向用地者的，应采取招标、拍卖等公开竞价的方式出让。

招标出让：指市、县人民政府国土资源行政主管部门（出让人）发布招标公告，邀请特定或者不特定的自然人、法人和其他组织参加国有建设用地使用权投标，根据投标结果确定国有建设用地使用权人的行为。招标出让方式的特点是有利于公平竞争，适用于需要优化土地布局、重大工程的较大地块出让。

拍卖出让：指出让人发布拍卖公告，由竞买人在指定时间、地点进行公开竞价，根据出价结果确定国有建设用地使用权人的行为。拍卖出让是按规定的时间、地点，利用公开场合由政府的代表者——土地行政主管部门主持拍卖（指定）地块的土地使用权（也可以委托拍卖行拍卖），由拍卖主持人首先叫底价，诸多竞买人轮番报价，最后一般出最高价者取得土地使用权。出让方一般用叫价的办法将土地使用权拍卖给出价最高者（竞买人）。拍卖方式的特点是有利于公平竞争，它适用于区位条件较好，交通便利的闹市区、土地利用上有较大灵活性的地块的出让。竞买人不足三人，或者竞买人的最高应价未达到底价时，应当中止拍卖。

挂牌出让：指出让人发布挂牌公告，按照公告规定的期限将拟出让宗地的交易条件在指定的土地交易场所挂牌公布，接受竞买人的报价申请并更新挂牌价格，根据挂牌期限截止时的出价结果或者现场竞买结果确定国有建设用地使用权人的行为。挂牌时间不少于 10 个工作日，挂牌期间，土地管理部门可以根据竞买人竞价情况调整加价幅度。

协议出让：指政府作为土地所有者（出让人）与选定的受让方磋商用地条件及价款，达成协议并签订土地使用权出让合同，有偿出让土地使用权的行为。协议出让方式的特点是自由度大，不利于公平竞争。但对一些缺乏竞争的行业仍然是土地使用权出让的方式之一。这种方式适用于公共福利事业和非营利性的社会团体、机关单位用地和某些特殊用地。应当以招标、拍卖、挂牌方式（也称招、拍、挂方式）出让国有建设用地使用权而擅自采用协议方式出让的，对直接负责的主管人员和其他直接责任人员依法给予处分；构成犯罪的，依法追究刑事责任。

3. 建设用地使用权的出让年限。

①居住用地 70 年；

②工业用地 50 年；

③教育、科技、文化卫生、体育用地 50 年；

④商业、旅游、娱乐用地 40 年；

⑤综合或者其他用地 50 年。

出让土地使用权的最高年限不是唯一年限，具体出让项目的实际年限由国家根据产业特点和用地项目情况确定或与用地者商定。土地使用权出让的实际年限不得突破规定的最高年限，而只能限于最高年限的范围内。

四、土地供应的程序

（一）编制并公布供地计划

（1）编制供地计划

市、县人民政府国土资源行政主管部门应当根据经济社会发展计划、国家产业政策、土地利用总体规划、土地利用年度计划、城市规划和土地市场状况，编制国有建设用地使用权供地计划，报同级人民政府批准后组织实施。国有建设用地土地使用权供应计划包括年度土地供应总量，以及不同用途土地供地面积、地段和供地时间等内容。

（2）公布供地计划

国有建设用地使用权供应计划经批准后，市、县人民政府国土资源行政主管部门应当在中国土地市场网、当地土地有形市场等指定场所，或者通过报纸、互联网等媒介向社会公布。

（二）用地单位、个人提出用地申请

国有建设用地使用权供地计划公布后，需要使用土地的单位和个人可以在市、县人民政府国土资源行政主管部门规定的时限内，向市、县人民政府国土部门提出意向用地申请。

（三）确定供地方式

（1）划拨供应

符合《划拨用地目录》的建设项目，方可以划拨方式供地；不符合的，应当一律以出让、租赁等方式供地。

（2）有偿供应

以出让、租赁等有偿方式供地的，应当依法采用招标、拍卖、挂牌或双方协议等方式。

（四）编制供地方案

编制供地方案主要包括四个层次：

（1）确定申请用地的项目是否符合国家产业政策和供地政策，是否属于《限制供地目录》或者《禁止供地目录》范围外的建设项目，即供地是否具有可行性。

（2）确定申请用地的项目应提供的土地面积，即根据工程项目的性质、规模和工程项目用地标准，应提供多少土地。

（3）确定拟供应土地的方式，即如符合《划拨供地目录》，可以划拨方式供地；如不符合划拨目录，则应以有偿方式供地。

（4）确定拟有偿使用的具体方式，即要明确拟有偿使用的建设用地是采取出让、租赁还是采取国家土地使用权作价出资（入股）；确定采取出让、出租方式有偿使用的，还应明确具体的供地方式，即采取协议方式还是采取招标、拍卖、挂牌方式供地。

（五）实施供地

供地方案得到批准后，市、县国土部门应按照经过批准的供地方案实施供地。

（1）划拨供地

市、县土地行政主管部门向用地者发放《建设用地批准书》，签发《国有建设用地使用权划拨决定书》，并依法提供建设用地。

（2）协议出让、租赁供地

对符合协议出让条件的，市、县人民政府土地行政主管部门按照《协议出让国有建设用地使用权规定》和《协议出让国有土地使用权规范》规定的原则、程序，以协议方式出让、租赁国有建设用地，并与受让人或承租人签订国有建设用地使用权出让合同或租赁合同。

（3）招标、拍卖、挂牌出让、租赁供地。对符合招标、拍卖、挂牌出让或租赁条件的

市、县人民政府国土资源行政主管部门按照《招标拍卖挂牌出让国有建设用地使用权规定》和《招标拍卖挂牌出让国有土地使用权规范》规定的原则、程序，以招标、拍卖、挂牌方式出让、租赁国有建设用地，并与受让人或承租人签订国有建设用地使用权出让合同或租赁合同。

（六）履行合同、严格发证

（1）规范履行合同

现行法律政策规定，国有建设用地使用权出让合同或者租赁合同签订后，市、县国土资源管理部门作为出让方或出租方，土地使用权人作为受让方或承租方，必须严格履行合同约定的权利和义务。其中，出让方或出租方的义务包括必须按照合同约定的时间交付土地，所交付的土地必须达到合同约定的条件。受让方或承租方的义务包括必须按期缴纳土地出让价款，并按照合同约定的用途和使用条件使用土地。土地使用权人改变用途，必须取得出让方和市、县人民政府城市规划行政主管部门的同意，签订土地使用权出让合

同变更协议或者重新签订出让合同，相应调整土地使用权出让金。

（2）核发国有土地使用证

未按合同约定缴清全部土地价款的，不得发放土地证书，也不得按土地价款缴纳比例分割发放土地证书。因此，受让人必须按照合同约定付清全部国有建设用地使用权出让价款后，方可申请办理出让国有建设用地使用权登记，领取土地使用证。

第三节 我国农业的经济形式与经营形式

一、农业中的经济形式

经济形式：又称经济成分，即生产资料占有形式。

我国农业经济所有制形式主要有以下几种：

1. 全民所有制；

2. 合作经济；

3. 个体经济；

4. 私人经济；

5. 混合经济；

6. 股份制经济；

7. 股份合作制经济。

（一）全民所有制

概念：全民所有制经济，是生产资料属于全体劳动人民共同所有的社会主义公有制经济，是公有制经济中的主导形式。我国社会主义全民所有制经济，采取国家所有制形式，即全体人民通过国家（或各级政府）把全民所有的生产资料委托给国营企事业经营支配。农业中的全民所有制经济作为我国整个社会主义全民所有制经济中的一个主要组成部分，它是由全民所有制的企业与全民所有制的事业单位或半事业单位构成的。主要包括：

1. 全民所有制的农业生产单位：如国有农场、林场、牧场、渔场等；

2. 全民所有制的生产资料供应单位：如国有的种子公司、肥料公司、饲料公司、农业公司等；

3. 全民所有制的农业生产服务组织，如全民所有制的农机站、排灌站、兽医站、庄稼医院、农业技术推广站等。

在以上全民所有制经济的构成中，国有农场是主体。

（二）合作制经济

概念：农业中的合作经济是指农业劳动者按照自愿互利的原则进行联合，共同占有基本生产资料，实行统一经营或分散经营，民主管理、按劳分配的一种社会主义集体经济，也是当前我国农村集体经济的主要形式。

1. 地区性合作经济

是我国合作经济的主要形式。这种合作经济是以地域为特征，以集体耕地、草场、水面、山林等为基础，以联产承包合同为纽带，实行家庭分散经营与集体统一经营相结合，有统有分、统分结合的双层经营结构的一种社区性合作经济。

2. 企业型的合作经济

这类合作经济主要指乡、村及村民小组兴办的集体所有制乡镇企业。它已成为农村经济的支柱。

3. 服务型的合作经济

这类合作经济包括的供销合作社、信用合作社和新兴的乡村办的服务合作组织，如农商购销联营、农商联办生产基地、农商技术联营承包、多种经营服务公司以及运输队、建筑队、农机服务队（组）、米面加工厂和按行业成立的各种服务性专业协会等。随着商品经济的发展和农业生产专业化、社会化程度的提高，这类合作经济将会有更快的发展。

4. 联营型的合作经济

联营合作经济是由农民自愿、自发组织起来的一种新型的经济联合体。

（三）个体经济

1. 个体经济的概念

农民个体经济是以生产资料个体所有和以个体劳动为基础的经济形式，即农民个人拥有土地以外的其他生产资料，以家庭成员为劳动力，从事农业和非农产业的个体经济。其中包括合作化以来从未参加过集体合作经济组织的个体农民，也包括近年来从集体合作经济中游离出来的农民，以及新从事个体农业生产的城乡居民。

2. 农民个体经济的特点

个体经济是一种劳动者的私有经济，其基本特点是：

（1）生产资料和产品归个体劳动者私有；

（2）生产规模狭小，以一家一户为一个生产经营单位，靠个体劳动者及其家庭成员劳动进行生产经营，偶尔雇请少量帮工；

（3）自主经营，独立核算，自负盈亏；

（4）经营范围广阔，涉及农业、手工业、建筑业、运输业、商业服务业等各个产业。

（四）私营经济

1. 私营经济的概念

私营经济是指生产资料私人占有，依靠一定数量的雇工从事商品生产经营或第三产业的私有制经济，其具体的组织形式是私营企业。私营经济与个体经济的主要区别就在于它们是否存在雇佣劳动关系：个体经济主要依靠个体劳动者个人及其家庭成员的劳动从事生产经营，向社会提供商品和劳务，不存在或基本上不存在雇佣劳动关系；而私营经济则是存在雇佣劳动关系的经济成分。

2. 私营经济的经营形式

当前我国私营经济大体上有三种主要经营形式：一是独资经营，即由一个人投资经营的企业；二是合伙经营，即由二人以上按照协议投资，共同经营，共负盈亏；三是集股经营，即实行股份制经营的私营企业。

（五）多种所有制混合经济

1. 混合经济的概念

混合经济指全民所有制经济、集体所有制经济、个体经济、私营经济以及外资经济等不同所有制经济之间的交叉联合。混合经济不是一种独立的经济成分，而是一种复合经济，是不同所有制企业之间的联合，是一种新的经济形式，其具体的组织形式称经济联合体，或称新经济联合体。

2. 混合经济的特点

混合经济最根本的特点是打破了所有制、经济形式之间以及行业和地区之间的界限，实行不同所有制和不同行业、不同地区之间的联合，是改革开放的产物。

（六）股份制经济

股份制是通过入股筹集资金建立股份公司进行生产经营的企业经营制度。它是以资金或资金入股方式将属于不同所有者的、分散的资财集中起来，统一使用、管理和经营、自负盈亏、按股份分红的经济组织形式。目前，我国农村股份制经济尚处于试点阶段。

（七）股份合作制经济

股份合作制经济是集股份制与合作制两方面的优点的一种新型的经济形

式。股份合作制的农业近几年在我国各地发展较快。

二、农业中的经营形式

概念：农业经营形式，主要指农业的经营管理和组织形式。

（一）家庭承包经营形式

1. 家庭承包经营形式的特征

（1）实行土地集体所有。

（2）家庭是集体经济组织的基础层次。

（3）统分结合、双层经营体制。

（4）包干分配。

2. 家庭承包经营的优越性

（1）符合生产关系要适合生产力发展要求的规律。能够极大地调动农民的积极性，解放和发展生产力。

（2）符合农业生产的自身特点。

（3）具有适应传统农业和现代农业的旺盛生命力。

3. 双层经营体制的稳定与完善

统一经营与家庭经营是个统一体系。中共十五届三中全会指出，家庭承包经营是集体经济组织内部的一个经营层次，是双层经营体制的基础，不能把它与集体统一经营割裂开来，对立起来。因此，稳定和完善这种经营制，需从统与分两个方面去努力。

具体工作内容很多，可归纳以下三点：

（1）健全组织，搞好服务。主要是村级合作经济组织的建设与服务。如村民自治组织的建设；统一职能的确立与强化；壮大集体经济实力；服务体系的建设等。

（2）加强承包合同管理。承包合同是两个层次之间联结的契约纽带，是保证双方权力和义务的法制性依据。

（3）进一步完善家庭经营。根本问题是坚持土地承包关系的长期稳定。切实保证农户的三个权力：土地承包权、生产自主权和经营收益权。使农户成为独立的市场主体。

（二）专业户经营形式

专业户指主要从事某一项商品生产或经营活动的农户，其基本特征是商品性的专业生产或经营性的专项劳动。专业户按其经营性质不同，可分为承包专业户和自营专业户。

（三）股份合作经营形式

股份合作制经营形式是一种兼有股份制与合作制因素的新的经营形式。其特点在上面的所有制中已经介绍。

（四）企业化经营形式

这种经营形式的特点是：以"龙头"企业为依托，以农产品加工为纽带，以农户为基础，实行产加销、农工商一体化经营，企业化管理。如公司＋农户等农业产业化的经营形式。

（五）联合经营形式

指农村经营形式变革以后，各地普遍出现的新经济联合体的经营形式。联合经营形式的联合单位、联合内容、联合程度等各不相同，因而经营方式亦各有差异，这是适应农村生产要素重新活跃起来以后，寻求合理组合的必然结果。

第五章 农村产业结构研究

第一节 农村产业结构的含义

一、农村产业结构的含义

农村产业结构是指在一定地域范围内，农村各产业部门之间以及各产业内部的组合形式和比例关系。

这个定义可从以下两个方面理解：

（一）什么是产业

泛指生产部门以及为其服务的经济部门和各行各业。

（二）什么是结构

所谓结构是构成事物的各个要素在该事物整体中所占的比例及其组合的方式。比如农村产业结构是由农、工、运、建、服等各业组成，它们之间必定存在比例问题和结合方式，这就是产业结构。

二、农村产业划分的方法

对农村产业的划分主要有以下几种方法：

（一）三次产业划分法：

为了便于同国外比较，我国于 1985 年制定了三次产业的划分标准，规定：
1. 第一产业是农业，包括农作物种植业、林业、畜牧业、渔业等；
2. 第二产业是工业和建筑业，包括制造业、电力、蒸汽、热水、煤气等；
3. 第三产业是交通运输业、商业、饮食服务业、邮电通讯业、物资供应和仓储服务业、金融保险业、地质普查业、房地产业、公用事业、居民服务业、旅游业、咨询信息业、文化教育、广播电视、科研、卫生、体育和社会福利事业等。

和国外不同的是，我国划分法把采掘业列在第二产业中（国外列入第一产业），也没把政府和军队列入第三产业，因而在和国外比较时，还需要进行必要的调整和换算。

（二）标准产业划分法

这种分类法由联合国颁布的《全球经济活动的国际标准产业分类索引》所规定。它把全球经济活动首先分为10大项，每大项下设若干中项，每中项下又分成若干小项，小项下又分若干细项。大、中、小、细四级都有统一编码，以便于计算机储存。

10大项分别是：农业、狩猎业和林业；矿石和采矿业；制造业；电力、煤气和供水业；建筑业；批发与零售业、餐馆与旅店业；运输业，仓储业和邮电业；金融业、不动产业、保险业及商业性服务业；社会团体，社会及个人的服务；不能分类的其他行业。

（三）三层次划分法

将农村各产业划分为三个层次。

1.第一层次是种植业内部结构，主要是粮食与经济作物及饲料作物结构；

2.第二层次是种植业、林、牧、副、渔业结构，其中种植业、林业、牧业结构是基本结构；

3.第三层次是农、工、服务业结构，即把种植业、林、牧、副、渔作为一个整体，统称为农业与农村工业和服务业形成的结构。

三、农村产业结构的三个层次

（一）第一层次

第一层次的产业结构指种植业内部的粮食、经济作物，蔬菜栽培及饲料作物的结构。这个层次调整的目标是在发展粮食作物的同时，增加经济作物、蔬菜、饲料等作物的比重。实践证明，这个层次的调整比较容易：调整所需要的投资不多；技术要求不高；可以增加农民收入；为第二、第三层次的产业结构调整准备资金、饲料及设备等。

（二）第二层次

第二层次产业结构指种植业、林业、牧业、副业、渔业结构。调整的目标是增加林牧副渔的比重，逐步做到超过种植业。这个层次的调整难度比第一层次的要大，因为：购置种畜、种苗、设备等投资大，投资回收期长，技术要求高，风险大，产品易腐坏，难贮藏，难运输，要求在加工、包装、贮运、销售等环节上提供服务。但这个层次调整所带来的经济效益要大于第一层次，它还能改善生态环境，既巩固第一层次调整的成果，同时又为第三层次的调整提供资金、设备及技术条件。

（三）第三层次

第三层次产业结构指农业、工业及服务业的产业结构。调整的目标是增加农村工业及服务业的比重。这个层次的调整从总体上来说（不是就某一个行业而言）难度更大些，它要购置设备、仓库、基础设施等等，投资量大、技术要求高。但是，它带来的社会效益及经济效益则远高于第一、第二层次产业结构的调整；而且由于它为工业、农业提供产前、产中、产后服务，从而直接推动了整个农村产业结构的优化。

四、制约农村产业结构调整的因素

某一时期的农村产业结构模式，是一定的自然、社会、经济条件作用的结果。不同地区、不同时期的产业结构类型和模式是有差别的。因此，应当了解制约农村产业结构的以下因素。

（一）市场需求状况

发展社会主义农村市场经济，必然受市场经济规律的制约。农村各业的产品必须通过市场销售，才能检验出是否产销对路，结构合理。如果某种产品供大于求，产品严重滞销积压，就说明这个产业过剩，应该压缩了。

市场对产业结构的影响是根本性的因素。从农村产业结构来看，具体可考虑以下几点：

1. 消费者需求的多样性，致使农村产业呈现多部门、综合化。

2. 市场价格的信号，往往对产业的调整起主导作用。如农民总愿意把资金投向收益高的产业部门。

3. 市场需求的发展趋势必然牵动农业产业结构的发展趋势。如由温饱型需求向营养型需求的发展趋势，导致产业结构也必须随之变化。

（二）资源状况

农村经济的一大特点，就是多数产业依赖于资源条件。所以，农业产业结构模式在某种程度上是资源结构状况的反映，例如，海南省的热带作物型农业结构与内蒙古的畜牧型农业结构，就是由资源决定的。

资源状况对农村产业结构的制约，应从以下几方面来考虑：

1. 自然资源和经济资源（如人口、资金、交通等）要统筹考虑，不可偏颇一方。

2. 资源的有限性和资源的多样性并存。

3. 资源分布的不均衡性。

（三）农业生产的特点

农村产业结构也往往受农业本身所固有的特点的影响。主要有：

1. 各部门的物质交换关系。例如，农业、林业和畜牧业三者之间的关系就很密切，林业为农业提供生态环境的保护，种植业为畜牧业提供饲料，而畜牧业又为农业、林业提供有机肥或资金等条件。

2. 农业生产的季节性，为安排不同产业结构创造了条件，如农闲时可发展工业副业生产。

3. 农业生产的周期性较长；农业的自然再生产与经济再生产交替进行等特点，对产业结构的形成都有一定影响。

（四）经济政策

政策是国家为保护广大人民的长久、整体利益而制定的社会行为准则。农村产业结构的形成，必须充分考虑并执行国家经济的、产业的政策。如为了保护环境，国家规定了限制小造纸厂的政策；为了保证全国人民的基本生活需要，国家制定了粮、棉、油发展政策等。

五、农村产业结构的优化

产业结构优化：指在一定时期、一定条件下产业结构的合理性。

如何认识产业结构优化的定义？（1）优化是一个相对的概念，在某个时期是合理的，而另一个时期就未必是合理的；（2）优化是有条件的，某种产业结构是在一定条件下的产物，条件变化了，就需要调整其结构。因此，农村产业结构的优化是不断趋向合理化的过程。

评价农村产业结构优化的标志有以下几方面：

（一）能适应社会多样化的需求

在商品经济条件下，产业的形成以市场为导向，产业结构的优化与否，首先要看能否适应市场需求，适者生存，不适应者被淘汰。优化产业结构，就要随着市场需求的变化不断调整产业结构和产品结构。

（二）能因地制宜、综合利用各种资源

农村产业结构的形成，以能合理利用资源，发挥资源效用为标志，具体表现是：

1. 实现资源的组合利用合理化。即各种资源的配合、综合利用效果要好。

2. 实现资源的梯级利用合理化。即多级、多次、合理利用资源。

3. 资源的循环利用合理化。

（三）良好的经济效益、社会效益和生态效益各种效益要兼顾，全面考察各种效益是否优良。

（四）形成各产业之间的良性结合

1. 产业之间对生产要素的利用合理。

2. 产业之间产品价值的组合、运行良好。

第二节 农业生产结构的调整

一、农业生产结构调整的原则

当前，农业和农村经济发展进入新阶段，粮食和其他主要农产品由长期供不应求转为阶段性供大于求，呈现地区性、结构性过剩。农业生产结构不合理的矛盾十分突出，调整势在必行。在调整农业结构时应遵循以下原则：

1. 市场导向原则

对农业生产结构优化的目的，是为了让有限的资源发挥出更大的效益。因此，必须坚持面向市场的原则，根据市场的需要合理安排各生产部门的生产和规模，既要强调发挥资源优势，又要强调资源优势转化为商品优势、市场优势。这是实现农业生产结构合理化的前提。

2. 因地制宜原则

由于我国各地农村的生产力水平、经济发展水平差异较大，自然资源情况不同，使各地的社会经济条件、自然条件各不相同。因此，农业生产结构在进行调整时，要坚持因地制宜原则，以保证各种资源得到更好地利用、最大限度地提高经济效益为目标，使各种不同地区的生产结构各有侧重，各有特色，发展自己的优势产业和拳头产品。

3. 经济效益、社会效益和生态效益相统一的原则

通过农业生产结构的调整，不仅要获得较好的经济效益，而且要获得较

好的社会效益和生态效益，要对社会效益、生态效益、经济效益进行综合评价。

二、农业生产结构的总体关系

我国农业生产结构的总体关系是：以粮食生产为基础，农、林、牧、副、渔全面发展。

（一）以粮食生产为基础

粮食生产是国民经济发展最主要的基础。粮食是人类最基本的生产资料，是工农业生产发展的基本条件。就农业内部讲，只有粮食生产水平提高了，才能腾出更多的人力、土地、资金以及拿出更多的粮食和副产品作为原料、饲料，促进农、林、牧、副、渔各业和经济作物的发展。就整个国民经济来讲，粮食生产发展了，才能为工业部门提供更多的原料，扩大国内市场，为外贸提供更多的货源，换取更多的外汇，为国家建设积累更多的资金，促进整个国民经济发展。

粮食具有重要的政治意义。粮食生产发展了，保障了城乡人民的粮食供应，才能做到政治上的安定。

因此，必须以粮食生产为基础，决不能放松粮食生产，并争取有较大的发展。

（二）农、林、牧、副、渔全面发展

我国农业生产实践证明，农、林、牧、副、渔全面发展，是自然规律和经济规律的客观要求，可以从以下几方面来说明：

1. 土地和气候等自然资源的多样性既提出了开展多种经营的必要性，又提供了开展多种经营的可能性。我国幅员辽阔，土地等自然资源的类型多种多样，而林、牧、副、渔各业和各种农作物对自然条件和土地资源的要求各不相同，这就为全面发展农、林、牧、副、渔各业和各种农作物提供了客观的必要性和客观可能性。如能做到因地制宜，合理布局，农、林、牧、副、渔各业和各种农作物就能收到趋利避害、增产增收的经济效果。

2. 多种经营适合农业生产的季节性和生产周期长的特点，从地区和企业看，由于农业生产具有较强的季节性，实行单一经营，会使劳动力和生产资料的使用忙闲不均，造成人力、物力、财力的浪费。而把粮食作物的生产和多种经营结合起来，把生产时间错开，就可以减弱乃至消除农业劳动季节性的影响，做到劳动力和生产资料均衡利用。

3. 全面发展农、林、牧、副、渔各业生产，有利于建立良好的农业生态

系统。农业生产各部门和各种作物之间存在着相互依存、相互制约的内在联系，例如种植业和畜牧业的产品可以相互利用，种植业为畜牧业提供饲草饲料，而畜牧业又为种植业提供肥料和畜力。所以，全面发展农、林、牧、副、渔各业生产，就可以把农、林、牧、副、渔各业的关系协调起来，形成良好的生态系统。

4. 全面发展农、林、牧、副、渔各业符合我国农业的特点。我国农业的基本特点是人均耕地少，但山多水多，草原面积大。这就决定了我国必须在保证粮食增产的同时，积极开展多种经营，扬长避短，发挥地大和自然资源丰富的优势，克服耕地较少的劣势。我国农业另一个基本特点是技术装备落后，劳动力资源丰富。开展多种经营，才能充分发挥我国人多、劳动力资源丰富的优势，克服技术装备落后的劣势。

5. 全面发展农、林、牧、副、渔各业生产是提高人民生活水平和国家建设的要求。随着人民收入水平的提高，对肉、蛋、奶、皮毛、鱼、贝类产品的需要量会越来越高，只有调整农业生产结构，实现农、林、牧、副、渔全面发展，才能满足人民生活水平逐步提高的要求。而且国家经济建设的发展，对农产品原料的需要越来越多，特别是轻工业的发展更依赖于农、林、牧、副、渔各业提供的原料。我国农产品出口占出口贸易总额中相当大的比重，其中主要是林、牧、副、渔产品。农、林、牧、副、渔全面发展，有利于出口创汇，支援国家建设。

三、农业生产结构的调整

当前农业生产结构的调整，要抓好以下几个方面：

1. 积极调整种植业区域布局、作物结构、品种和品质结构

在区域布局上，东部沿海地区和大中城市郊区要大力发展外向型、城郊型农业，增加高附加值的经济作物和特色出口农产品生产，形成优质农产品出口基地。中部地区要发挥粮食生产优势，建立优势稳产高效的大型商品粮、加工专用粮和饲料粮生产基地。西部地区和生态脆弱地区要抓住国家实施西部大开发的时机，加快发展有利于保护生态环境的特色高效农业和旱作节水农业。在作物结构上，要适当调减棉花、糖料和烤烟面积，稳定粮棉糖基地及优质高产田面积，重点压缩低产地区和零星分散区的种植面积，大力发展适销对路的特色经济作物和高价格作物，逐步形成专业化、规模化、集约化的经济作物产业带、产业区。在品种结构和品质上，要大力发展优势粮、加工专用粮和饲料粮，尽快淘汰南方早籼稻、江南冬小麦和东北春小麦中的劣质品种；实行东北玉米大豆轮作计划，大力发展东北优质大豆生产。棉花要

加快发展优质棉，淘汰夏播棉，满足纺织业对多档次棉纤维的需求。油料要积极扩大"双低"油菜面积，重点抓好长江流域"双低"油菜带建设。其他经济作物也要按照市场供求情况，适时调整结构。

2.把畜牧业作为一个大的产业来抓

畜牧业结构的调整，应重点发展食草性动物，如牛、羊，减少食粮性动物如生猪。东部地区和大城市郊区要积极发展规模生产和畜产品精深加工，推进畜牧业集约化经营，加快实现畜牧业现代化。要下大力气健全良种繁育、疫病控制、饲料生产三大体系，大力推进畜牧业产业化经营。

3.继续优化渔业结构

积极发展水产养殖业，优化品种结构，提高名特优新产品的比重，改革养殖方式，提高产品质量和生产效益。加大渔业资源保护力度，严格控制捕捞强度，继续实施捕捞产量"零增长"计划。

粮食是农业的基础，也是结构调整的基础。在结构调整中，要注意保护粮食的生产能力，这是调整农村经济结构的前提。一些经济发达地区可以根据市场需求和区域优势适量压缩部分粮食生产，发展效益更高的农业，但耕地要保护，基本生产能力要保持。粮食主产区要发挥粮食生产的优势，要在不断提高综合生产能力的基础上，适应市场，调整品种、品质结构，向提高产品质量要效益。

第三节 农村产业结构调整

一、农村产业结构的概念

农村产业是指农村各生产部门和为生产、消费服务的流通、交换等各种经济部门和行业。

农村产业结构是指在一定地域内，农村各个产业部门和各产业内部的组成及其相互之间的比例关系。具体说，是指农村中农业、工业、建筑业等物质生产部门，以及交通运输、商业、金融、信息和服务业等非物质生产部门在整个农村经济中的组成和比重。农村产业结构通常用各业的产值和各业占用的劳动力数，在农村经济总产值和农村总劳动力中所占的百分比加以考查和反映。

二、农村产业结构的划分

按照农村经济的横向分工，农村各经济部门可分为三类产业部门：①第一产业，是指直接利用动植物的生命活动而取得物质产品的部门，包括种植业、林业、畜牧业和渔业。②第二产业，是指对矿物资源进行开采和对初级产品（原材料）进行加工与再加工的部门，包括工业、建筑业和采掘业等。③第三产业，是指农村的流通服务部门，包括农村商业、交通运输业、服务业以及金融、保险、邮电、信息、旅游业等。

农村产业结构是一个多层次的复合体。如果我们把整个农村产业结构作为一个大系统，那么在这个大系统里还有若干子系统，而各个子系统下面又有更低层次的子系统。在我国，一般把农村产业结构分为三个层次。第一层次：即农村各产业的层次，包括第一产业、第二产业、第三产业。第二层次：即农业生产结构的层次，包括种植业、林业、畜牧业和渔业等生产部门。第三层次：即农业各部门内部结构的层次，如种植业内部的各类农作物，畜牧业中的各类畜禽等。

三、调整农村产业结构的原则

农村产业结构调整应遵循的原则主要有以下几个：

（一）与生产力水平相一致原则

从根本上说，产业结构是一定生产力水平的产物，产业结构的变动是生产力发展的自然要求。因此，农村产业结构调整必须与生产力水平要求相一致，既不能让产业结构水平落后于生产力发展要求，如现存的农产品品种结构落后等，也不能急于求成，超越生产力发展水平。

（二）因地制宜原则

我国各地区自然条件、经济状况、农村产业发展的历史与现状等方面存在较大差异，因此，在农村产业结构调整过程中，必须坚持因地制宜的原则，实事求是，根据不同地区特点选择主导产业和主导产品，形成优势互补、各具特色、良性循环的农村产业结构的新格局。最大限度地避免不同地区间农村产业结构的低水平重复，合理配置和充分利用各种经济资源。

（三）市场导向原则

对农村产业结构进行优化调整的目的，是为了让有限的资源发挥出更大的效益。因此，必须坚持面向市场的原则，要遵循市场经济规律，把符合市场要求作为农业结构调整的出发点和落脚点，既要适应农产品市场的现实需求，又要注意研究预测潜在的和未来的市场需求；既满足社会对农产品的基本数量需求，又满足多层次、优质、多样化的需求；既要适应国内农产品市场的需求，又要研究分析国际市场的需求，发展适销对路的农产品。这是发展农村经济，实现产业结构合理化的前提。

（四）质量效益原则

以往农村产业结构调整是在卖方市场条件下进行的，追求的是农产品数量的叠加。目前，农产品的买方市场已经形成，农村产业结构调整必须在稳定基本农产品供给的前提下，注重农产品质量和品质的提高，坚持量的扩张与质的提高相统一、质量第一的原则。只有这样，才能真正推动农村经济发展，才能真正实现农村产业结构调整的目的。

（五）依靠科技原则

科技对农村结构调整具有关键作用。实现农业提质增效，最根本的是加快农业科技成果推广转化的步伐。在优化品种、品质结构上求得突破，实现农村经济发展从粗放经营向集约经营转变，传统农业向现代农业转变，资源利用从粗放向精深加工转变，使科技进步成为优化产业结构的主要推动力。

（六）可持续发展原则

实现农业、农村经济健康稳定发展，不仅要解决好当前经济发展和农民增收问题，而且要着眼于农业长远利益，从长远目标入手，以服务现在、着眼未来为宗旨，依靠科学技术进步，注意保持生态环境平衡，有效地利用、配置、保护农业资源，改善农业生产条件，实现农业发展与资源开发、环境保护的协调统一，提高农民生活质量，促进农业可持续发展。

（七）循序渐进原则

农村产业结构调整是个渐进的过程，不是自然过程，它必须充分考虑资源条件和可能性。如果条件不具备，结构调整就不会顺利，硬性调整效果也不会好。因此，在农村产业结构调整过程中应避免操之过急，要搞好总体规划，循序渐进，有步骤、分阶段地把农村产业结构调整好。

四、影响农村产业结构调整的主要因素

影响产业结构调整的因素同样也会影响农村产业结构的调整，但对于农村产业结构的调整而言，最主要的影响因素是：

（一）认识水平

我国农村大部分地区产业结构到了非调整不可的地步，对农村产业结构

调整的必要性和紧迫性要有清醒的认识。不调整产业结构,农民增收问题,农民弱势地位问题,增强农业竞争力问题,农村剩余劳动力问题,迎接入世挑战问题,促进农村经济全面发展和实现农村现代化等问题都不能解决。

（二）农民的文化素质和劳动技能

在传统的农业生产条件下,对农民的文化素质和劳动技能要求并不高。但是,随着科学技术的进步和现代教育的普及与发展,农民的劳动技能和科学文化素质不断提高,这就为农村产业结构的调整提供了重要动力。他们素质的提高,掌握市场信息能力的增强,才能较容易根据市场和自身所处条件,提供市场所需产品,甚至发展高效农业,或向第二、第三产业转移。

（三）科学技术在农村的推广应用

在广大农村,很多农民知道应该调整甚至如何调整产业结构,但是,由于缺乏相应的科学技术支持,即使勉强调整也不会成功,只能造成更大的损失。发展某一产业,必须要引进技术,科技在农业和农村哪个领域推广得好,哪个领域就会快速发展。

（四）资金因素

农村产业结构的调整和优化离不开资金支持。农业结构中优良品种的引进和基础设施的改善,科技的推广,农民素质的提高,第二、第三产业的发展,生态环境的保护,等等,都离不开相应的资金投入。

五、农村产业结构的调整

调整农村产业结构,要跳出就农业抓农业的圈子,大力发展乡镇企业和小城镇,拓展农民就业渠道,加快转移农村富余劳动力,促进农村一、二、三产业和城乡经济的协调发展;要跳出以粮为主和传统产业的圈子,大力发展农产品精深加工,提高农产品加工转化水平;要跳出区域发展中自求平衡的圈子,调整好农产品区域结构,使各地能够充分发挥资源优势,发展优势产业;要跳出短缺经济条件下一味追求农产品数量的圈子,在稳定有效供给的同时,面向国内、国际两个市场,满足市场对农产品优质化和多样化的需求,按需生产,以销定产;要跳出过度开发农业资源的圈子,着眼于保护和提高农业综合生产能力,加强农业基本建设和生态环境建设,促进农业可持续发展。

1.要强化农业基础,保证农业持续、稳定增长

要积极增加农业投入,推进农业科技进步,增加农产品的科技含量,努

力提高农业劳动生产率和土地生产率。要在保护粮食生产力的前提下，加快发展林、畜、渔业生产。

2. 要大力发展农村第二产业和第三产业

当前要积极发展群众生产生活中所急需的、能多次增值的农副产品加工业。

发展农产品深加工，实现转化增值，对于扩大农产品市场需求，带动农业结构调整，提高农业的综合效益和市场竞争力，具有重要意义。目前我国农产品加工尤其是食品加工相对滞后，进一步发展的潜力很大。要把发展农产品加工作为农业结构调整的重要内容，使其成为推动农业和国民经济发展的积极力量。

发展农产品加工业，要立足于现有生产能力的结构调整、技术改造和资产重组，不能盲目铺新摊子，搞重复建设。要按照国家产业政策引导农产品加工企业形成合理的区域布局和规模结构，在多层次加工转化中着重发展精深加工，努力开发新产品，积极发展优质名牌产品。要加大技术攻关力度，积极引进国外先进技术、工艺、设备，努力提高我国农产品加工的技术水平。加强专用原料品种的开发，引导原料生产逐步向专业化、基地化方向发展。以公司带农户为主要形式的农业产业化经营，是促进加工转化增值的有效途径。各级政府和有关部门要认真总结经验，采取得力措施，推进农业产业化健康发展。国务院有关部门要在全国选择一批有基础、有优势、有特色、有前景的龙头企业作为国家支持的重点，在基地建设、原料采购、设备引进和产品出口等方面给予具体的帮助和扶持，各地也要抓好这项工作。龙头企业要与农民建立稳定的购销关系和合理的利益联结机制，更好地带动农民致富和区域经济发展。

发展农村第三产业，是发展农村商品经济和促进专业化分工的必然要求，也是促进农村第一产业和第二产业健康发展的需要。根据我国农村经济发展的实际状况，应加快工商业、交通运输业以及信息业的发展。

3. 要积极发展小城镇和乡镇企业

发展小城镇和乡镇企业，不仅有利于转移农村剩余劳动力，解决农村发展中的一系列深层次矛盾，而且有利于带动投资和消费需求增长，拓宽城乡市场，优化国民经济整体结构，是一个具有全局意义的大战略。

各地要按照党中央、国务院的要求，切实搞好小城镇发展的规划，制定支持措施，促进小城镇健康发展。发展小城镇要坚持循序渐进，防止盲目攀比，一哄而起。要充分考虑现有小城镇的发展水平、区域优势和资源条件，以及今后的发展潜力，选择已经形成一定规模、基础较好的小城镇予以重点支持，发展小城镇经济，加快小城镇建设。争取经过 5 至 10 年的努力，把一批小城镇建设成为具有较强带动能力的农村区域性经济文化中心，使全国的城镇化水平有显著提高。

乡镇企业正处于结构调整和体制创新的重要阶段，面临着许多新情况和新问题。各级党委、政府和有关部门要采取有针对性的措施，支持乡镇企业的发展。乡镇企业要加快调整产业和产品结构，积极发展高新技术产业和名特优新产品；结合农业结构调整，重点发展农副产品加工、储藏、保鲜和运输业；结合小城镇建设，积极发展商业、饮食、服务和旅游等第三产业。对国家明令禁止生产、生产能力严重过剩以及严重污染环境的产品，要坚决停止生产。要加强和改善对乡镇企业的社会服务，乡镇企业集中的地区，可以建立多种形式的科技和信息服务中心，帮助企业了解市场和进行技术、产品开发。

第四节 农业产业结构优化推进乡村振兴的途径

一、农业产业结构优化推进乡村振兴的机制

乡村振兴战略的实施旨在解决我国城乡发展不平衡不充分的这一迫切问题。由于农业现代化和农村现代成为了在全面建成小康社会进程中工业化、城镇化、信息化和农业现代化同步发展中的短板，因此十九大报告指出要从产业兴旺、生态宜居、乡风文明、治理有效、生活富裕五个方面实现乡村的全面振兴。乡村全面振兴最根本的是乡村经济的振兴，同时也要求生态、文化、教育、治理、科技、生活等方方面面的振兴，但各方面的振兴是以经济的振兴为基础的。产业兴旺和生活富裕的出发点和落脚点必然无法绕开乡村经济的发展，而生态宜居、乡风文明、治理有效三个方面也必然是以一定的经济基础为依托的。因此乡村经济发展是农业产业结构优化与乡村振兴的密切耦合点，产业兴旺和生活富裕两项目标与农业产业结构优化关联度最为密切，这就是本文研究的重要切入点。

（一）农业产业结构优化推进乡村产业发展

近年来我国乡村产业得到了长足发展，但在乡村产业持续发展的过程中也出现了诸多问题，如产业经济效益不高、生产标准不规范、产品特色不明显、产业不兴旺等问题。分散化的大量生产者仍然是我国乡村生产经营的主体，小农经济仍然是主要的生产经营形式。这导致了生产形式的分散化，无法形成规模经济，难以产生规模效益。再加上生产加工技术相对落后、质量

检测监控体系不完善，导致产品质量难以保障，产品质量参差不齐，难以产生品牌效应。要解决乡村产业的这些问题，实现乡村产业的兴旺，必须是建立在充分了解当地自然资源察赋和社会经济条件的基础上的。根据罗斯托的经济起飞理论，任何国家的经济发展，都要立足于本国经济发展现状，从较低级阶段向较高级阶段按顺序发展，不能超越阶段。在发展乡村产业时也同样要立足于当地的社会经济状况。在农村农业始终是其他产业发展的基础，在根据不同地方的自然资源状况和社会经济条件进行农业产业结构优化时，基本要遵循宜农则农，宜渔则渔，宜牧则牧，宜林则林原则，这样就决定了该区域乡村产业的基本业态，即农业产业结构的优化升级带来的是乡村产业基础资源条件的优化，如选择适合当地条件的产业发展模式，或者科学结合不同特点，发展具有自身特色的产业模式，形成具有品牌效应的特色产品，解决品牌效应不强的问题；根据当地的社会经济条件如消费结构和消费水平、农业经营水平和经营方式、国家的发展农业的政策和措施等，选择相适宜的乡村产业发展策略，避免同质化竞争问题等，有利于促进乡村产业的健康发展。

科技创新是乡村发展的第一生产力。近年来农业科技创新、农业现代化越来越受到重视，乡村产业技术生产水平大大提升，但是与发达国家相比，农业现代化程度仍然偏低，这主要是科技创能力依然不足的原因。农业产业的高级化主要就是依赖于农业科技的进步，在遵循产业结构演化规律的基础上，通过技术的进步来推动农业产业结构向更高层次不断演进的趋势和过程，故而农业产业结构的优化在农业科技创新方面将同样有利于解决乡村产业现代化程度低、科技创新不足的问题，进而推进乡村产业兴旺。

2018 年 4 月，习近平总书记在湖北考察时指出，要推动乡村产业振兴，紧紧围绕发展现代农业、农村三产融合发展，构建和完善乡村产业体系，实现乡村产业兴旺。产业融合发展，有利于构建乡村产业体系，有利于培育农村新业态，有利于促进资源要素整合，形成集聚效应，它是实现乡村产业兴旺的主要抓手"。如今我国乡村产业产业融合还处于起步阶段，这也意味着我国乡村的产业融合还存在相当大的发展空间。乡村的三产融合意味着乡村资本、乡村人力资源等从农业到二三产业的转移和重组，要发展乡村产业就必须保证充足的生产要素的供应。劳动力作为生产活动的主体，在发展乡村产业中至关重要。我国目前的情况是城市资本和人力资源向农村投资严重不足，甚至存在农村长期向城市单向输出劳动力资源的情况，这种情况下乡村产业发展所需的如劳动力资源主要还是来自于乡村内部或者说大部分来自农业。而农业产业结构优化可以加快对传统产业的改造，促进农业产业的高端化、细分化和高效化，所以农业产业的优化升级将释放大量的传统农业劳动力，这些剩余的劳动力一方面成为了乡村稳定发展重要影响因素，另一方面也成为了二三产业的劳动力的主要来源，需得到妥善处理，如引导农业产业结构优化过程中释放的劳动力资源转向其他产业，在吸收剩余劳动力的同时也促进了乡村二三产业发展和乡村三产融合。所以农业产业结构优化不仅是农业产业发展的必然要求，也是乡村产业兴旺的动力来源。

（二）农业产业结构优化推进农民生活富裕

根据产业结构优化理论，产业结构既是经济作用的结果，又是经济增长的动力。资本、劳动力和技术等生产要素往往是有机结合一起共同作用于经济的，一定时期内、既定的资本、劳动和技术条件下，不同的农业产业结构产生的效益是不同的，对农业经济增长的贡献程度也不尽相同。农业产业结构的优化升级，在某种程度上将对农村经济发展产生重要影响。

前文提到农业产业结构优化可以加快对传统农业的改造，促进农业产业的高端化、细分化和高效化，实现农业的现代化。所以应该在鼓励市场竞争的条件下，充分利用规模经济，避免过分竞争，产生规模效益。由于增加农户的人均耕地面积，逐步实现规模化经营，扩大专业化和机械化作业面积，使得农户的投入成本不断下降，从而实现土地产出效率以及农民综合收益的增加。在在这种情况下从事现代化农业生产的劳动者将获得相比传统生产农业生产更多的利润，实现收入的增加。同时农业产业结构优化会释放大量的农村劳动力，这些劳动力资源转向其他产业时并不仅仅是被动的，而是在农业产业结构优化过程中，引导农民主动转向市场前景好、收益较高的二三产业，从而使农村家庭中劳动力从事农业的获得更高的收入、转向其他产业的劳动力也能获得较高收益，这样不仅优化了农业结构，也改变农村家庭的收入结构，使农村家庭有更多的收入来源，从而实现了乡村的生活富裕。

（三）农业产业结构优化推进乡村生态建设

乡村生态建设的主要内容为：一是对乡村居民生活环境进行改造和升级，同时减少乡村环境的污染和破坏，使居民生活环境更环保、更舒适，使居民生活更方便；二是提高生态农业生产水平，避免或减少对生态环境的污染和破坏，保证农产品安全质量；三是加强工业生产清洁设施建设，逐步降低乡村工业污染；四是对被污染的江河湖泊、土壤进行治理，消除或降低污染程度；五是对生态保护区、水源涵养区的生态功能保护和建设，发挥它们美化乡村功能"。农业产业结构优化不仅要注重满足市场的需求、优化资源的配置和经济效益的提高，而且要兼顾生态环境的改善，实现现代农业由传统农业向生态农业转变和"生产要发展，生活要提高，生态要改善"的良性循环，这一点是符合乡村振兴中生态建设要求的。

目前我国乡村生态环境的破坏主要来自于农业生产过程中大量使用化肥农药等化学制品、乡村工业粗矿式生产排放的污染物等对自然生态的污染，以及人类在聚居区域日常生活产生的垃圾废物和污水对生活区域的生态污染。农业产业结构优化一方面可以通过发展生态农业、休闲旅游农业和绿色农业等完善农业生产自身抗污染体系，通过对乡村产业的改造优化加大治污力度和减少污染排放，在保护农业资源环境的同时也增加了农民收入，实现生态保护、农业发展和农业增收的多赢局面。另一方面，乡村生态在生活垃圾处理、污水排放、土地整治和环境美化等方面的治理都依赖于乡村基础设施的建设，由于乡村面积大、聚居点分散等原因，乡村生态治理需要大量资金投入，不能仅仅依靠政府投入，要从根本上解决这一问题还要靠实现村民和村集体的财政富裕，通过村民的自发捐资和村集体组织的投入来改造乡村生态环境。所以加快农业产业结构优化速度，提高农业综合生产能力和农业生产效益，实现集体经济和农民收个体收入的增长，有利于推动乡村生态建设。

（四）农业产业结构优化推进乡村文化建设

目前农村文化建设中，农民休闲娱乐形式单一、乡村文化创新不足等问题突出。很多农民都是以务农为主，大多数人并没有参与文化娱乐活动的时间。由于经费等多方面的原因，相当一部分农村基础文化设施建设不足，尤其是一些地处偏远的农村，文化设施几近于无，无法为村民提供专门的文化娱乐场所；部分农村虽然设有文化活动场地，但大多数都处于闲置状态，流于形式，并没有发挥其丰富村民文化娱乐生活的的价值，影响了农村文化建设质量。

为了实现乡村文化振兴必须加强乡村与外界的联系和互动以及加大对乡村文化建设的投入。根据配第一克拉克理论，由于收入弹性差异，农业随着社会经济的发展，其收入弹性出现下降，国民收入和劳动力将从弹性收入较低的产业转向弹性收入更高的产业。农业产业结构优化过程中也遵守这一规律，随着乡村经济的发展，乡村经济收入和劳动力也将向收入弹性更高的产业部门（如服务业）转移。通过农业产业结构优化，鼓励各地强化农村一二三产融合，依托特有的田园风情、山水风光、和农村风貌等优势，结合当地特有的农时季节、特色风俗、节庆活动等元素，挖掘各自的农耕文化和民俗民风等文化资源，多元素发展休闲旅游农业，吸引外界人员到来参观旅游和加入，通过与外界的交流和互动进一步发掘乡村的丰富文化，同时积极引导农民向弹性收入较高部门转移，带来农民收入的增加，不仅可以进一步加大对文化建设的投资，还有力的促进了乡村文化的发掘和建设，拓展了农业文化功能。

二、农业产业结构优化推进乡村振兴的途径

（一）通过优化农业（种植业）夯实乡村产业兴旺基础

由于我国人口基数巨大，且人均耕地资源相对稀缺，随着我国总人口的增长，城镇化的不断推进，以及居民消费结构的不断升级，直接和间接的粮食需求将越来越大，因此保障国家粮食安全成为农业产业最重要的责任，农业（种植业）的稳定发展更是乡村产业兴旺的基础""。在农业产业结构优化的过程中必然是以国家粮食安全得到保障为前提的。乡村振兴战略中产业兴旺要求中的粮食综合生产能力这一量化指标，也充分体现了乡村振兴战略对农业保障粮食安全这一要求。乡村振兴的目的是不断提高农民在社会主义建设中的参与度和受益面，发展农村产业彻底解决农民就业问题，使农民生活富裕、安居乐业，共享社会主义建设成果"。但农业（粮食种植）生产效益相对较低，且易受外界因素影响，属于弱质性产业，所以优化农业产业，提高其生产效益，对乡村产业的基础至关重要。农业（种植业）是农村最基本的产业，也是从事劳动者最多的产业，通过对农业（种植业）结构进行调整优化农业产业结构，使传统农业生产从劳动密集型转向技术密集型、粗放生产型转向能源节约型、分散化生产转向规模化生产，提高了农业生产效率和效益，保证农业（种植业）的稳定发展；还帮助增加农民收益，优化了乡村劳动力结构，为乡村产业发展提供了坚实基础。

（二）通过优化农村劳动力结构促进乡村产业兴旺

通过农业产业结构优化实现乡村劳动力资源合理配置促进乡村产业振兴。农业劳动力资源调整是农业产业结构优化的重要内容之一，劳动力要素是产业发展关键要素，要实现乡村振兴战略中的产业兴旺，农村劳动力要素是产业兴旺的关键之一。在农业产业结构优化过程中，对乡村劳动力资源的调整将极大地影响乡村产业发展，这一过程中释放的大量劳动力若不能妥善消化将成为严重的社会问题，也将成为乡村振兴的阻碍 H，解决这一问题的途径就是通过农业产业结构优化，根据现阶段社会经济状况和市场需求，合理调整乡村劳动力资源配置，在保证市场需求的条件下，积极引导劳动力资源向有利于乡村产业振兴的部门流动；发展乡村二三产业吸纳剩余劳动力，将乡村剩余劳动力通过就业培训和再教育等方式使之适应其他产业，达到优化劳

动力资源结构目的的同时，也将进一步促进乡村产业的兴旺，积极促进乡村振兴战略的实施和进程。

（三）通过农业科技转化促进乡村产业发展

在农业产业结构优化过程中通过农业科技振兴促进乡村振兴。无论是农业产业结构优化还是乡村振兴战略的实施都离不开科技创新的支撑。在居民消费结构升级背景下，要求农业产业结构要与农产品消费结构相适应，要求发挥科技创新驱动农业供给侧结构性改革的作用。为解决部分农产品供求结构性失衡的问题，通过加强农业科技创新支持力度，采用农业科技提农产品品质，使之与消费结构升级需求相适应。通过农业科技创新引领农业转型升级，解决农业质量效益与产业兴旺发展不适应的问题。在过农业产业结构优化过程中，通过提高农业科技转化成果效率，对农产品产业结构和农产品质量结构进行调整，同时也有利于为乡村振兴战略的实施，提供强有力的科技支撑。

（四）通过三产融合促进产业振兴和增加农民收入

通过农业产业结构优化实现乡村第一、二、三产业合理配置和有机融合促进乡村振兴。在社会经济发展和农业现代化进程中，农业产业结构的内容和内函是不断变化和发展的。单纯的从事农业生产已不能满足农民群体对经济效益的追求"，越来越多的农民群体在从事农业的同时也从事着二三产业，乡村的一、二、三产业融合是乡村产业发展的趋势。如今的农业产业结构优化并不仅仅局限于大农业内各产业部门的结构调整，随着乡村第一、二、三产业的融合，农业产业越来越与其他产业密切联系。在农业产业结构优化过程中，注重和促进各产业合理配置、协调发展，进一步推动乡村中附加值较高产业和龙头产业的发展（如推动农产品加工业和乡村旅游业的发展），将有力促进乡村产业振兴；同时三产融合可以利用二、三产业吸收剩余劳动力，改变传统农业家庭收入结构，带来外界的资金投入，从而增加农业家庭的收入来源，实现村民生活富裕，助力乡村振兴。

（五）通过优化农民就业结构促进农民收入增加

农民收入的增加是生活富裕关键，也是农民群体对乡村振兴成果的最直观的体验，因此乡村振兴最核心的任务就是增加农民收入。由于收入弹性差异和投资报酬差异，随着经济的发展，国民收入和劳动力将依次从第一产业转向第二、第三次产业。农业产业结构优化过程中也遵守这一规律，随着乡村经济的发展，乡村经济收入和劳动力也将向收入弹性更高的产业部门（如服务业）转移。农业产业结构的形成和发展过程中，受自然资源、市场状况、政府行为、社会需求、技术水平、生产力水平等条件的制约叫。因此，在一定时期和一定条件下，农民会首先考虑自身利益选，择对自己有利的农业产业结构，采取相应的生产经营模式，进行生产和向社会提供农业产品。所以在农业产业结构优化过程中，依据这一规律，积极引导农民群体转向弹性收入较高和附加值较高的产业部门，将使农民获得更高的经济收入，从而促进乡村振兴。

（六）通过发展生态农业促进乡村生态保护

乡村振兴战略中乡村生态问题是重点之一。提高绿色农业生产水平，减少生态环境的污染和破坏，保证农产品安全质量以及加强工业生产清洁设施建设，逐步降低乡村工业污染，加大对被污染的江河湖泊、土壤的治理力度，降低污染程度等是乡村生态宜居的重要内容。农业产业结构的可持续化要求农业产业的能源消耗不断降低，农业对环境的污染不断减少，农业发展与自然和谐程度不断提高。要实现农业产业结构的可持续化，就需要大力发展生态农业产业，通过建立环境友好型和资源节约型的生态农业体系，以实现资源、环境与农业生产的良性循环。在农业产业结构优化中，可以通过将原生态的自然环境作为一种特有资本和优势加以保护，成为当地的创收来源，积极发展生态农业产业、绿色产业和农村生态旅游业，促进农业产业向高标准、高质量、低污染、低能耗、可持续方向发展。通过发展生态农业产业，探索循环生态模式，提高资源利用率和能源转换率，构建农业生产在空间上、时序上、资源上高效利用的立体结构，实现生态与经济的互动融合和相互促进。这样不仅能够加快农业产业的转型升级、增加农民附加收入，同时也能有利于乡村生态环境的建设和保护，促进乡村生态振兴。

第六章 农村经济合作组织

第一节 农村经济合作组织概述

一、农村经济合作组织的概念界定

目前，对农村经济合作组织的内涵和外延并没有明确的法律界定，组织制度的安排也显示出很大的差异性。"同一结构功能的组织有着不同的称谓，同一称谓的经济组织也有着不同的组织内容，即便是功能结构相近的同类组织，因外部生存条件不同，其运行机制和操作状态也千差万别。"据世界银行对中国的调查发现，在我国，农村经济合作组织的名称有9种以上的界定，包括农民协会、农民专业协会、农民专业合作社、农民专业合作组织、农民合作社协会、农民合作社经济组织、农民经济自助组织、以农民为基础的企业或公司以及"以农民为核心的成立的其他专业组织"等。这些组织虽然名称不尽相同，但都凸显出了两个共同的特征，即"合作"和"经济组织"。

所谓合作，辞源中解释为"两个或两个人以上共同创造"的意思，而英文中合作一词（Cooperation）是协作、共同行动的意思。把中外文广义合作的概念结合起来看，合作是两人或两人以上融洽的共同工作，达到他们设想的创造目的。合作具有自愿性、自主性和自助性，也就是说，它是合作组织成员为了达到共同目的，自己动手互相帮助的一种行为。

所谓经济组织，是一个非常宽泛的经济学名词。它泛指一切从事经济活动的社会团体，大到跨国公司，小到三两人的合伙生意，都在其范畴之内，可以说是五行八作，三教九流，无所不包，概无例外。本研究中的农村经济组织，不是这种广义的经济组织，而是有其特定的含义和范畴。它特指农村微观经营组织和服务组织，即在农民和市场的联结中起着桥梁和纽带作用，对农业生产和产品的销售有着重要的组织、服务与协调功能的各种经济组织。

将"合作"与"农村经济组织"的相关概念进行综合，我们可以对本研究中的农村经济合作组织的概念进行界定：它是指农民基于自我利益发展的需要，按照自愿、公平、民主、互利等原则，以独立的身份进行的自愿联合与互助合作的经济经营组织，它们致力于通过提高农业生产或营销的有效性和效率来增加成员的收入，体现了国家与村社退出农村生产领域后的农民合作。

实践中，我国农村经济合作组织的形式十分复杂，既有农民之间的联合和合作，也有农民和外部组织的联合和合作。本研究将农民之间的联合和合作，或建立在与农民的广泛联合和合作基础之上、在农民和市场的联结中发挥着桥梁和纽带作用、对农业生产和产品的销售有着重要作用的组织都统称为农村经济合作组织。

二、农村经济合作组织的分类

根据定义，按照在农村经济合作组织组建和运作过程中起主导作用的主体不同，本研究将我国农村经济合作组织分为三种类型：一种是农民之间建立的专业合作社，一种是专业协会（农民协会），还有一种则是龙头企业与农户之间的合作（股份合作组织）。我国现有的农村经济合作组织以合作社为主。

（一）农民专业合作社

合作社是农村经济合作组织的主要表现形式。关于合作社的定义，国内外学者给出了许多表述，其中得到公认的是 1995 年国际合作社联盟第 31 届代表大会对合作社做出的原则性定义：合作社是人们自愿联合、通过共同所有和民主控制的企业，来满足社员经济、社会和文化方面的共同需求和渴望的自治组织。为了准确理解这个定义，国际合作社联盟还对此做了详细说明：第一，合作社是自治组织，它尽可能地独立于政府和私营企业。第二，合作社是"人的联合"，世界上许多基层合作社只允许单个"自然人"加入，但联合社允许"法人"加入，包括公司。通常联合社的社员就是其他合作社。第三，人的联合是"自愿的"，在合作社的目标和资源内，社员有加入和退出的自由。第四，"满足共同的经济、社会和文化方面的需求"，这一规定强调了合作社是由其社员组织起来，并着眼于社员。社员的需要可能是单一的和有限的，也可能是多样的；可能是社会的，也可能是纯经济的。但不管是什么需要，它们是合作社存在的主要目的。第五，合作社是一个"共同所有和民主控制的企业"，合作社所有权是在民主的基础上归全体社员。这个特点是区分合作社与其他组织如股份制企业和政府管理的企业的主要所在。该定义被公认为是关于合作社概念的国际性标准，并得到国际劳工组织《合作社促进建议书》的完全认可。

可见，合作社既是具有法人地位的生产或经营企业，又是群众性的社团组织，并且拥有自己特有的组织原则和章程。所以，不是任何一种合作组织如合作企业、合伙企业、经济联合体等，都能够称为合作社。从合作生产经营到组成合作社组织，必须具备上述条件，并需要一个形成和发展的过程。

根据这个定义和详细说明，可以理解为："合作社作为一种自治性的经济和社会组织形式，其社员具有多元性，既包括自然人，也包括合作社本身和其他社会组织；其制度特征是人们自愿联合、共同所有、团结互助和民主管理；其价值特征是满足其成员共同的经济和社会需求"。因此，合作社是根据合作原则由独立的生产者联合组建的，以优化社员（单位或个人）经济利益为目的的"用户所有、用户控制和用户受益"的非盈利企业形式。

2007年7月正式实施的《中华人民共和国农民专业合作社法》，将农民专业合作社定义为：在农村家庭承包经营基础上，同类农产品的生产经营者或者同类农业生产经营服务的提供者、利用者，自愿联合、民主管理的互助性经济组织。农民专业合作社以其成员为主要服务对象，提供农业生产资料的购买，农产品的销售、加工、运输、贮藏以及与农业生产经营有关的技术、信息等服务，而且农民专业合作社需在工商部门登记为企业法人。从这部立法上可以看出，农民专业合作社本质上是一种有限责任公司，成员以其账户所记载的出资额和公积金份额为限对农民专业合作社承担有限责任，农民专业合作社仍然坚持一人一票和按惠顾额返利的合作社基本原则。

纵观国际合作运动发展现状和各国有关合作社立法，可将合作社归纳为：第一，合作社的地位是具有法人资格的经济组织；第二，合作社的主体是直接从事农业生产的广大农民；第三，合作社宗旨是实现社员之间的互助互利，为社员提供全面服务；第四，合作社的组织原则是入社自愿、退社自由，所有权归社员共同拥有，实行民主管理，重大问题必须由其成员共同决策；第五，合作社的经营方式是以农户家庭经营为依托，为农户家庭经营提供产前、产中和产后服务，其所获利润主要按照各成员发生交易量的比例返回，如发生亏损，也主要按相同比例分摊。

一般来说，按内容划分，合作社可分为生产合作社、流通合作社、信用合作社和服务合作社：第一，生产合作社。即从事种植、采集、养殖、渔猎、牧养、加工、建筑等生产活动的各类合作社。如农业生产合作社、手工业生产合作社、建筑合作社等。第二，流通合作社。从事推销、购买、运输等流通领域服务业务的合作社。如供销合作社、运输合作社、消费合作社、购买合作社等。第三，信用合作社。即接受社员存款贷款给社员的合作社。如农村信用合作社、城市信用合作社等。第四，服务合作社。即通过各种劳务、服务等方式，提供给社员生产生活一定便利条件的合作社。如租赁合作社、劳务合作社、医疗合作社、保险合作社、利用合作社等。

需要说明的是，我们这里讨论的我国改革开放后组建的农民专业合作社与 20 世纪 50 年代农村进行社会主义改造阶段兴办的初级生产合作社、高级生产合作社以及后来的人民公社是有本质上的区别的。今天的农民专业合作社强调合作社的兴办应遵循国际公认的合作社原则，如强调社员的自愿联合、社员有加入和退出的自由、社员之间的互助等，而那时开展的合作化运动以及成立的合作社则是强制的结果。当时建立的合作社将土地、生产工具、耕畜等生产资料收归国有，由合作社实行统一生产经营、统一核算和分配；农民的意愿表达权被剥夺，进入、退出都受到强制性约束。这种政社合一、不准社员自由退出的合作社当然不是真正的合作化，它完全违背了国际公认的合作社原则，已经不能称为真正的农村经济合作组织。

此外，新中国成立初期组建的供销合作社，在创立之初是农民的合作经济组织，但其后随着计划经济体制的建立和强化，逐渐变成了国有商业的组成部分，早已脱离我们所讨论的真正意义上的合作组织的概念，其农民合作经济的实质不复存在。而新中国成立初期组建的农村信用合作社，从一开始就不是真正意义上的合作制，而是以行政指令组合而成的名义上的合作组织，从一开始就不符合"自愿、互助合作、民主管理"等合作制原则规范，后又逐步变成了国家银行的附属机构，因而其并非真正意义上的合作金融组织。

（二）农民协会

如果说合作社是指根据合作原则建立的以优化社员（单位或个人）经济利益为目的的非盈利企业形式，那么农民协会则主要是指具有经济职能的农民协会，它们致力于通过提高农业生产或营销的有效性和效率来增加会员的收入。二者的根本区别在于协会的直接目的不在于经济利益，而只是为农民提供技术服务以及新品种、新技术的推广。

农民协会包括专业协会与行业协会两种组织形式。其中农民专业协会也被称为"专业技术协会"，它们是在中国农村改革开放以来最早出现的，由从事专业生产的农民在自愿基础上按照统一章程缴纳会费而组建的自助性专业服务合作组织，是一种比较松散的合作经济组织形式，包括协会和研究会。这种合作组织主要是向成员提供农业技术服务和进行新品种、新技术的推广。由于支持和推动建立经济合作组织的部门或组织不同，农民专业协会的具体名称也存在一些特点和规律性。中国科协协助提供技术服务的协会多数称为"专业技术协会"，地方政府或农业相关部门提供支持的协会多数称为"专业协会"。绝大多数专业协会是在民政部门登记，注册为社团组织。专业协会一般每年向社员收取一定数量的会费，以提供技术、信息、运销服务为主。根据《社团登记管理条例》的规定，社团组织受到经营范围的限制，大多数专业协会不直接为社员销售产品，没有销售收入，因此没有利润分配。它们往往并不要求社员或会员入股，一般没有什么经济实体，实力较弱，只开展一些简单的技术服务和信息交流工作，一般没有专职的工作人员，由政府部门或职能部门负责人或某些有能力的人兼职任负责人开展工作。但随着其自身实力的不断增强，也逐渐涉及其他产前、产后服务，技术经济合作色彩逐渐浓重。一般来说，这类合作组织容易组建，也很容易瓦解，表现出很大的不稳定性。

行业协会一般指农产品行业协会，它是由"从事同一农产品生产、加工、销售的生产者和服务的提供者为增进行业共同利益，提供各方面经营、服务为主要内容，自愿组织起来的松散的社会团体。农产品行业协会的主要职能是行业内部的组织、协调、服务和监督，具体内容包括：第一，协调行业内部经营主体之间的各类矛盾；第二，在政府与经营者之间发挥桥梁和纽带作用；第三，编制行业发展规划，制定行业规范和行业标准；第四，开展信息和市场销售方面的服务；第五，开展技术指导、推广和培训工作；第六，协调行业竞争，避免无序竞争等。严格说来，农产品行业协会既不是专业协会，又不是合作社，也不属于农民专业合作经济组织。其成员不是以农民为主，而是主要由同一产业的企业组成。更重要的是，农产品行业协会还负责制定行业规范和行业标准，是在代表政府行使对某一行业的管理和监督职能，而非互助互利性的合作经济组织"。

从以上对农民协会与农民专业合作社概念的界定中，可以看出，二者不在于是否进行交易或交易量上，而在于共同处于一个经济实体内的经济主体之间利益关系的维系是否以共有产权为基础和纽带。这一点才是农民专业合作社与农民专业协会的根本区别：前者是基于产权结合的交易合作，后者则是非产权结合基础的服务联合。

（三）股份制合作组织

在我国，农村经济合作组织除了包括农民之间的合作外，越来越多的合作形式是企业与农民之间的合作，尤其是行业中的龙头企业与农户之间的合作，这种合作通常以股份制合作社的形式存在。

股份制合作社是指由农民以及其他有关部门或单位共同出资成立的股份合作制性质的合作社，是股份制与合作制的结合，其股权结构是实行身份股和投资股（也有些合作社称之为普通股和优先股）相结合。股票的持有人就是合作社的股东和所有者，股票是股东股份所有权证明，可以买卖、转让或继承。股份合作社成员不能退出合作社，只能通过出售其所有的股票的办法与合作社脱离关系。一般来说，股份制合作社由企业、农技推广单位、基层供销社等出资作为股东，再吸收少量的社员股金组建成股份合作社。股份合作社多数有自己的企业，在工商管理部门登记为企业法人。目前，大多数股份合作社是按保护价收购农产品，按月结算，年底分配以股份份额分配为主，并根据交易额辅以一定量的返利。

这种融合了股份制和合作制两种成分的组织形式，从其性质来看属于经济合作组织的一种类型，在实践中一般由专门从事农业营销、加工、服务的企业（或产业大户、能人等）来主导建设，它们通过签订合同，在合作社与社员之间建立起稳定的购销关系。实践证明，这种经济合作组织形式，对于维持和保证农民的收入来源、稳定企业的货源或销路是十分有益的。但是，这种制度设计容易导致股份过于集中在个别大户或个别组织手里，因为它一般由处于主导地位的企业进行控制，并负责管理，选举一般不起作用，而社员则不入股或入少量"资格股"，并且存在"核心社员"与"一般社员"之别。因此，在这种制度安排下通常会出现"一股独大"的现象，小股东社员的利益难以得到保障。反之，如果在制度设计上股份过于分散，显然又很难调动生产大户和经营管理人员的积极性，形不成核心，同时占股份极小的众多社员因其合作社利益很难实现，因此也无法调动他们的积极性，实现社员之间的紧密结合。由此可见，在股份制经济合作组织中，如何实现龙头企业（产业大户）与分散农户在管理、监督以及利益安排上的平衡，是这一形式日后在制度设计和发展过程中的一个重点和难题。

从总体来看，股份制合作社与农民专业合作社在制度方面既有联系，又有区别。二者的相同之处表现在三个方面：第一，股份制合作社的成员加入自愿、退出自由；第二，它以为成员服务为宗旨；第三，它是生产者的联合，并在较大程度上实行了企业客户与企业所有者身份的统一。只有利用合作社生产销售服务的人才能成为正式社员，如果仅仅是为了取得高的投资回报率向合作社进行投资，而没有与合作社发生业务往来，就只能成为一名股东而不能成为合作社的正式社员（有些研究资料称股东为"核心成员"，称正式社员为"一般成员"）。此外，合作社董事会由合作社成员（股东）选举产生，合作社决策较大程度上反映合作社（客户）的意志，因此合作社的利益与合作社成员的利益基本一致，在这一点上它具备了传统合作社的部分特征。股份制合作社与农民专业合作社不同之处在于：第一，有些股份制合作社对股东（核心成员）的退出有一定限制，例如须在一个农业生产周期结束时方可退出，并且合作社的股份中有一部分不能退还，只允许转让；第二，分配方式是以按股份分配为主、按交易量（额）返利为辅；第三，决策制度不实行绝对的一人一票制，而是在一人一票制的基础上增设附加表决权，根据入股额的大小和交易量（额）大小行使投票权。

第二节 农村经济合作组织的发展模式

农村经济合作组织的发展模式可以从多种视角进行分析。根据合作组织生成方式的不同，可划分为体制外生成、体制内生成、体制内外结合生成三种类型；根据合作组织与政府的关系，可以分为官办型、民办型以及官民结合型等三种基本类型；根据合作组织领办方式的不同，可以分为经营大户领办型、基层组织领办型、涉农部门领办型、龙头企业领办型等类型。

一、按照运行机制进行的分类

目前，我国的农村经济合作组织按照其运行机制，可将其分为两大类，即农村经济协会和农民合作社。农民合作社又可以细分为传统性质的农民专业合作社、股份制合作社、农民专业合作社联合社等形式。

（一）农村经济协会

农村经济协会从性质上说属于社会团体，多数在民政部门登记注册。按照 1998 年 10 月 25 日国务院发布的《社会团体登记管理条例》规定，社会团体是指由中国公民自愿组成，为实现会员共同意愿，按照其章程开展活动的非营利社会组织。《社会团体登记管理条例》规定，社会团体不得从事营利性经营活动，社会团体为社会提供相应服务，可以收取合理的服务费用，但盈余部分或清算后的资产只能用于社会公益服务事业，不能在成员中分配。因此，农村经济协会与合作社的区别在于它不是经营实体，没有利润分配，成员与组织间没有经济上的关联，成员与组织的关系比较松散。农村经济协会主要开展农业技术推广和技术服务，也涉及产前、产后服务。

（二）农民专业合作社

2007 年 7 月正式实施的《中华人民共和国农民专业合作社法》规定："农民专业合作社是在农村家庭承包经营基础上，同类农产品的生产经营者或者同类农业生产经营服务的提供者、利用者，自愿联合、民主管理的互助性经济组织。"其基本原则是"成员以农民为主体;以服务成员为宗旨,谋求全体成员的共同利益;入社自愿、退社自由;成员地位平等,实行民主管理;盈余主要按照成员与农民专业合作社的交易量(额)比例返还"。《农民专业合作社法》颁布以来,合作社在各地快速发展起来。

（三）股份合作社

股份合作社是指股份制与合作制相结合的一种组织,通常由企业、政府涉农部门或农户出资作为股东,吸收少量社员股金组成,利润按照股份和交易额相结合的方式分配。它是合作社的一种变形,一般在工商管理部门登记。

（四）农民专业合作（社）联合社

农民专业合作（社）联合社是农民专业合作社的一种联合性发展。农民专业合作社联社是两个以上农民专业合作社之间以产品和产业为纽带,基于做大同一产业、延长产业链、提高竞争力而自愿联合、民主管理的互助性经济组织。联社以其成员为服务对象,为成员提供产前、产中、产后服务,在产品品牌、宣传策划、质量标准、技术服务、产品销售等方面进行统一指导和协调。

农民专业合作社的联合需求是源于单个农民专业合作社普遍存在规模较小、市场竞争能力和抗风险能力差、盈利能力低等问题。可以说,合作社实现了从农户到法人的转变;联合社则是从初级的土地、农民、资金、技能"打捆"发展到合作社之间资本、劳务、技术、品牌和营销的联合。从这个意义上来说,农民专业合作社的联合是农村经济合作组织发展过程中一个质的飞跃。

农民专业合作（社）联合社作为一种新生的农村经济合作组织形式,目前对其进行管理和规范的法律法规还是一片空白。这导致合作联社的法人地位认定和注册方式不够明确。从具体情况看,各地联合社、合作联社既有注册为合作社法人的,也有注册为社团法人或企业法人的。为充分发挥联合社的规模优势、资金优势、品牌优势,增强其服务能力,需要健全和完善相关政策法规,促成基层农民专业合作社在更高层面的联合。

二、按照领办方式进行的分类

农村经济合作组织按照其领办方式的不同,可以分为以下几种发展类型和模式:

（一）经营大户领办型

经营大户领办多是指由农业经营大户牵头、围绕特定的产业或产品,采取"合作社＋农户＋基地"的形式兴办的合作组织。农业经营大户一般都是农村经济发展中的能人,有时还会担任村委会、村支部负责人。他们具有一定的影响力和较强的组织能力、号召力和市场经济意识,在调整农业结构、推广标准化生产、规模化经营以及与市场经济中的农业企业合作交易中具有独特的作用。依托于经营大户的管理经验及资金、技术、销售等优势组建的农村经济合作组织,往往具有较好的示范效应和群众基础。我国目前办得较好的农村经济合作组织的领头人,大多是当地该行业多年来的技术能人、经济强人。

（二）基层组织领办型

基层组织领办型是在产业特色明显的村庄,由农村基层组织或村干部牵头,带领本村或附近村庄农户组建起来的农村经济合作组织。在当下中国的农村经济合作组织发展模式中,有相当一部分合作组织是以行政村为单位建立的,甚至合作组织完全等同于行政村,即"两块牌子,一班人马",合作组织与行政村二者只存在称谓上的区别而无实质不同。在这种情况下,合作组织与行政村存在资源支配上的交叉,村庄的土地、房屋、仓储设施、水电设施等有偿或无偿地提供给合作组织使用。

（三）涉农部门领办型

在我国现有的结构体系中,有多个部门与农村经济合作组织的发展有联系。以市县范围为例,既有农业局、财政局、工商局等行政部门,也有科协、农机站、气象局等事业单位,还有供销社、信用社等其他组织。由于当下中国农村经济合作组织的发展是一种开放性的格局,其服务需求往往是综合性的,需要在不同的专业部门和服务之间进行有效协同,这就为不同涉农部门领办合作组织提供了契机和平台。另外,各涉农部门领办合作组织有助于发挥其技术服务、组织协调、管理经验等专业优势,在当下的合作组织体系中占有重要的比例。

（四）龙头企业领办型

龙头企业领办型合作组织是指由龙头企业牵头发起创建的以"企业＋合作社（协会）＋农户＋基地"为发展模式的合作组织。这类经济合作组织都是以具有一定规模和影响的农业企业为龙头,使基地、农户与市场之间结成了紧密的产供销一条龙、贸工农一体化生产经营体系。"在农产品买方市场的条件下,龙头企业带领农民建立农产品营销合作社,有利于帮助农民建立起稳定的农产品营销渠道,快速提升农产品生产品质、延伸农产品产业链条、分享农产品增值收益。"

当然，由于龙头企业主导整个合作组织的外部市场开拓和内部管理，因此容易导致合作组织的内部治理结构极为不规范，出现龙头企业单边控制的局面，这又会连锁性地导致利润分配中对农民的不公平。另外，在当下地方政府不断加大扶持合作组织的政策激励下，也有一些龙头企业是出于套取政府支农资金的动机来创办合作组织。所有这些现象必须引起我们的高度警惕和关注。

第三节　农村经济合作组织的发展策略

从我国合作组织的发展实践来看，由于国家与社会关系中的权能结构不对称，农村经济合作组织正面临被异化的发展。如何改变它们与政府的关系，使之朝着有利于自己发展的方向变化，进而有效地实现组织目标并影响政府策略，成为农村经济合作组织发展过程中需要关注的重要议题。

一、积极政治定位吸纳政府支持

合作组织的注册登记保证它拥有了一个符合法律程序的身份，但其在市场经济中的竞争因为涉农企业的强势地位而受到很大程度的压缩和限制。要在农业发展的大环境中具备更好的发展空间和竞争能力，就要获取来自政府的更多支持。

多数合作组织以政府的需求偏好设定自己的行动边界与导向，从而获得政府权威的认可与授权。具体说来，合作组织有两种活动方式：一是积极介入国家体制。多数合作组织在行动之初便要对本组织的活动进行理性定位，除了通过注册登记获得合法身份之外，还要对合作组织的职能进行引申和重构，主动把合作组织纳入政府相关部门的行政职能延伸中，以政府所期望的方式来实现自己的组织目标。

防汛和抢险等工作等等。二是主动引入国家符号。合作组织的发展空间有赖于政府部门的认可与支持。为此，部分合作组织将自己的活动同政府行政权威联系在一起，从而借助这种联系获得比较稳定的政治与社会支持。这方面比较普遍的做法是邀请政府部门相关人员介入合作组织的活动，包括担任名誉顾问、参观指导工作等。

合作社通过准确界定工作边界和主动接受指导与监督这种积极的政治定位来吸纳政府部门的支持和认可。这种积极介入国家体制的做法强调合作社与农业政策的有机衔接和其在农业发展中发挥的建设性作用，在增强组织合法性的同时也为合作社的活动开展提供较为稳定的行动空间。

二、功能多元化提升发展张力

合作组织的发展虽然有《合作社法》等政策法规的界定和保障，但是其自身资源优势对政府的多功能补足使其活动空间具有更大弹性。在这样的背景下，合作组织既要寻找与政府的利益交叉点，又要寻找基于资源优势而能够分享的参与空间，这就需要最大限度激发政府的激励和相容机制，促使其资源的统筹、补给和协调都处在一个良性循环的状态。在这方面，合作组织强调以发挥多元功能来增加其在政府评价体系中的重要性。

在既有的政策实践和理论研究中，农村经济合作组织是农业生产关系的重要变革，为农村各项建设提供了有效载体。一般来说，农村经济合作组织的作用主要表现在它有助于推动现代农业发展，促进农民共同致富。对于新农村建设来说，农村经济合作组织是推动农业经营体制机制创新、提高农业生产和农民进入市场组织化程度的重要载体。但是，我们也应该看到，农村经济合作组织是改革开放后中国农村社会功能分化的结果。它不但在经济领域发挥了重要的作用，而且还在促进农业技术推广、增强社会服务能力、促动政府职能转变等层面重构农村社会治理格局。此外，农村经济合作组织还提高了农民的组织化程度，为农村社会化服务组织的改革和发展探出了新路，是解决"三农"发展难题、谋求未来长期发展的一个新体制基础。

在中国社会转型的大背景下，农村经济合作组织功能的发挥涵盖到政治、经济等社会的多重领域，形成两种积极的角色定位：一是对政府需求与市场失灵的有效回应者。提供政府需要而市场又无力提供的服务，以自己的专业能力帮助政府解决农业问题。二是社会治理的积极参与者。通过其较强的集体行动能力和阶段深化的规模扩张、资源积聚来展示自身的价值与功能，从而推动乡村权力结构调整，进而影响乡村治理格局。从这个意义上来说，合作组织所具有的这种正外部性的功能结构很容易形成广泛而稳固的多层次的社会支持网络，使其与政府的相互关系呈现出多样性的特点。

三、多元策略拓展发展空间

农村经济合作组织的重要性在政府评价体系中与日俱增，但是现有的制度和政策规定仍在很大程度上限制了其发展空间。从合作社的"专业性"与"综合性"之争，到专业合作联社法律地位的尴尬，都说明农村合作需求与法律限制间的矛盾愈发尖锐。加之大量的合作组织同构性太高，角色重叠，合作组织往往基于其资源优势、行为激励和角色定位的不同，采取多元化策略来提升其行动能力、拓展其发展与竞争空间。

方法一是间接突破政策限制。合作组织的发展往往伴随着规模的扩大和空间的拓展。但是我国现有的社团登记管理条例规定："社会团体的名称应当与其业务范围、成员分布、活动地域相一致，准确反映其特征"，"社会团体不得设立地域性的分支机构"。

方法二是在现有的政策缝隙中寻求最大发展空间。比如前文所述的政府部门的多头领导使得作为一个整体的国家力量被"割据化"，但却为合作组织利用多重身份进行发展提供了弹性空间。

对我国农村经济合作组织发展历程的探讨，既可以看到国家对农村合作运动的主导与控制，又可以看到推动农村合作运动自下而上蓬勃发展的民间力量，体现了国家与社会互相影响和互相形塑的新型关系。农民基于自我利益需要进行的联合并不意味着它是对国家力量的否定。相反，它是国家与社会之间进行重新整合的过程，表明国家与社会开始以新的方式进入对方，建立国家与社会之间新的连接渠道。

第四节 农村经济合作组织持续发展的基本原则和制度建设

一、农村经济合作组织持续发展的理论研究

虽然各国的国情不同，农业发展模式也有很大区别，但一个通行做法就是通过设立各种各样的农村经济合作组织来解决这些难题，促进农业发展和农产品的生产与销售。现在，农村经济合作组织几乎遍及全球的每一个国家。在多数欧美国家，绝大多数农民都是合作社社员，如荷兰的大部分农民至少同时参加3—4个合作社，农民收入的60%以上是通过合作社实现的。法国90%的农民都参加合作社，有的国家，如传统农产品出口国丹麦几乎100%的农民都加入了合作社。在美国，每6个农场主中就有5个参加了购销合作社，每个参加合作社的农场主平均参加2—3个购销合作社。近年来，随着农村经济合作组织的发展，学者们开始更多关注不同国家和地区合作组织发展的有益经验和政策支持。以下是对此问题进行研究的简要概述。

作为农村经济合作组织中最为重要的一种表现形式，合作社在国外已有100多年的发展历史。黄胜忠从演化视角对欧美农业合作社进行研究发现，作为一种组织形态，合作社之所以能在市场竞争中获得生存和发展，最主要的原因在于合作社能够调整其市场战略和组织结构，以适应内外部环境的变化，即合作社具有较强的"外适应"和"内适应"功能。一般而言，组织和环境

之间的战略交互作用依赖于组织战略的协调。因此，农业合作社要与周围境进行交流和交换，这一过程是农业合作社的"外适应"。欧洲的农业合作社从生产导向性战略向市场导向性战略的转变、1980年代以来北美地区"新一代合作社"的出现都是对外部环境适应的表现。而为了执行生产和管理活动、吸纳和维系成员、取得合法性和制度支持，合作社必须要有一套组织原则和结构来调节参与者的行为，从而确保组织目标的实现，并在制度环境中获得认可和接受，这一过程被称之为农业合作社的"内适应"。研究表明，鉴于合作社是一种环境适应性的组织，因此对其认识不能建立在抽象的理论或者意识形态的基础上，必须要考虑其所处的市场环境和组织自身的特点。促进农民专业合作社的健康持续发展，需要注意以下几个方面：第一，无视农民专业合作社的基本目标和功能，直接根据一定的价值观定义合作社的原则（结构），这多少带有一定的"理想主义色彩"；第二，忽视农民专业合作社的组织原则和结构，而根据功能（任务）和市场战略直接决定合作社的经营行为，会导致农民专业合作社的"异化"；第三，经营活动直接随外部环境的变化而变化，导致农民专业合作社丧失其存在的价值。

苑鹏通过回顾部分西方发达国家政府与合作社关系的演变发现：在合作运动起步阶段，合作社自主独立，国家被迫承认其合法性；在合作运动全面兴起时期，政府开始扶持合作社，合作社保持自治；20世纪后期以来，政府减少对合作社的直接扶持，转向提供服务，合作社自主经营。政府与合作社关系演变的背后，主要反映的是政府职能定位的变迁：从自由经济时代的无为之手，到国家干预经济时代的扶持之手，再到经济全球化、政府放松管制时代的服务之手。目前，西方发达国家政府扶持、服务合作社的目标始终是为合作社创造良好的市场竞争环境。从手段上讲，或是通过税收、信贷、直接补助等方式，改善合作社的成本收益结构；或是通过提供公共服务，弥补市场机制下这些服务的供给不足；或是通过促进国会立法，维护合作社的合法经营地位、保护合作社的基本权益和规范合作社的行为，最终促进合作社提升为广大小农社员服务的能力，以保障合作社与其他类型的市场竞争主体平等发展、公平竞争。

国外农业合作组织的发展模式可以归纳为市场推动型（以美国为代表）和政府推动型（以日本为代表）两类。但无论采取何种发展模式，在农业合作社产生和发展过程中，政府都发挥了重要的作用。各国政府都通过立法以保障农业合作社的发展，使其获得了有利的发展条件。

在美国，政府采用多种形式的政策工具来支持农业合作社的发展：第一，合作社发展援助。帮助那些对合作社感兴趣的生产者群体组建合作社，向农民提供合作社培训服务和进行合作社的可行性调查分析。第二，技术援助。合作社成立后，政府根据合作社的需求向合作社提供各种免费的技术服务，包括帮助合作社制定发展战略计划；帮助合作社分析合并或联营的方式；帮助合作社改进内部治理结构；国家法律条款的解读等。第三，合作社研究。政府与大学、研究机构、私人部门积极开展合作，进行合作社研究。其目的是改善合作社的财务、经营状况，通过研究分析发现合作社解决问题的新方法，并将其应用到农民所面临的其他问题的解决方案中。第四，教育和信息。美国政府认为合作教育对于合作社的成功至关重要，通过编制各种培训资料和提供培训项目以增强人们对于合作社原则和实践的理解，还特别注重提升合作社领导人、雇员以及社员制定商业决策的能力。第五，统计分析。开展合作社统计有助于政府及时发现其发展趋势与结构变化，并为政府进行相关的农业与合作社立法提供重要信息。总体而言，美国政府将支持合作社发展视为政府的一项重要职能，但政府只支持那些遵循现代合作社原则的真正合作社，其出发点和归属以提高农民的自助能力为中心，而不是一厢情愿地替农民做主。

加拿大政府对合作组织发展的支持方式也非常灵活有效：第一，"雪中送炭"而非"锦上添花"。政府对合作社的支持主要是在合作社发展的初期进行的，这一时期也是合作社最需要帮助的时候。第二，"授人以鱼不如授人以渔"。政府对合作经济的支持并不是在提供资金和税收优惠等方面，而是派出工作人员在不直接干预的情况下帮助成立合作社，具体帮助内容包括组织会议，帮助合作社达成一致意见，帮助决定业务活动种类。合作社成立以后，还可以帮助确认成员、制订计划、寻求资源、进行产业分析等，此外也包括帮助制订计划、组织会议、管理咨询等。第三，资金支持是针对专项活动而非合作社本身。加拿大对合作社活动的支持主要是根据政府的经济社会发展计划来进行的。如果合作社的某一类活动是政府优先发展领域的组成部分，就予以支持。因此，合作社能否得到支持，主要看其是否围绕经济社会发展规划来开展活动。第四，"四两拨千斤"，激发合作社内部活力。萨斯喀彻温省（Saskatch ewan）的小企业创新基金和新一代合作社创业基金并不是直接给合作社提供资金援助，而是通过担保和利息补贴的方式为合作社提供资金支持。而且，这种担保并不是由政府单独负责，而是要求农民联合起来与政府共同提供。由于农民相互比较了解，加上社区熟人之间存在相互约束，政府的担保风险并不大，但政府的信贷担保却能产生非常明显的效应。

贝克（Baker）和泰尔高（Theilgaard）通过对文献的梳理，总结出发展中国家合作社成功的因素有强有力的商业驱动，同民营部门的良好关系；自治、强有力的、正直的领导；开放式会员制；集体同意的利润分配机制；如任务需要，稳步增加复杂性；将技能和经验同业务活动要求完成的任务相匹配；活动服务于会员家庭的需要；会员内部凝聚力；同外部机构的良好关系；向会员提供培训，强化会员参与和赋权；内部和外部的伦理规范；在中级层面上发展市场力量、针对中级层面的培训；初级、中级和顶级层面间的纵向紧密联系。这些因素涉及合作组织内外部各个层面。持类似观点的还有勒普克（Jochen Rpke），他认为建立合作社的可能性不会自发地转变为现实性，没有合作社企业家就不会有合作社。但要有效地发挥合作社的优越性，来自外部的对于合作社企业家的扶持必不可少，尤其是在合作社的创建时期和发展早期更是如此。

二、促进农村经济合作组织持续发展的基本原则和制度建设

目前，我国农村经济合作组织正处在快速发展的关键时期。借鉴国外农村经济合作组织发展的经验，根据实际情况与存在的问题，促进农村经济合作组织快速稳定发展，需要有针对性地采取措施。在实践中，应注意遵循以下原则：

第一，应坚持自主发育与政策扶持相结合的原则。农村经济合作组织是以农民为主体、按照"民办、民管、民受益"原则形成的农民自我组织和互助合作，是农户深化参与市场经济过程中的重要组织载体。一方面，为充分保障和发挥农民在合作组织中的主体地位，需要从各地方农业发展实际情况出发，依托产业优势和区位优势，鼓励农民因地制宜地组建、参与各种类型的农村经济合作组织。但是另一方面，现有的发展实践证明，地方政府尤其是县级政府在合作组织制度变迁中发挥着"第一行动集团"的作用和角色。地方政府以什么样的策略和方式来应对合作组织发展中面临的各种问题，也决定着合作组织和农业现代化的未来。为此，政府应根据农民生产经营活动与组织合作的需要，积极提供法律、财政和制度创新等多种政策支持来推动、加速合作组织的发展。

第二，应坚持规范与发展并重的原则，以营造有利于农村经济合作组织发展的环境。根据这项原则，政府既要对农村经济合作组织的发展提供必要的政策支持，使其具备独立运行的能力，并逐渐切断合作组织对政府的依赖，又要以完善农村经济合作组织制度建设和运行机制为着力点，通过经济政策、典型示范、惠农措施等手段不断推进合作组织的规范化建设，实现其持续发展。为实现此目标，在农村经济合作组织的培育与发展过程中，政府应采取激励与监管并重、支持但不干预等方法，从农民的真实需求出发，引导其成

立有利于自我服务、自我发展的合作组织，而不是仅仅从农村主导产业发展的角度出发，更不能将合作组织作为一项行政任务而强制推行。脱离这项原则，农村经济合作组织不但会异化为套取政府财政支持和优惠的虚假组织形式，还会成为政府产业发展政策的附属品和工具，甚至成为政府官员谋取政治功绩的一个途径。

第三，应注意处理好农村经济合作组织与农村其他集体经济组织的关系。农民合作社是带动农户进入市场的基本主体，是发展农村集体经济的新型实体，是创新农村社会管理的有效载体。按照积极发展、逐步规范、强化扶持的要求，加大力度、加快步伐发展农民合作社，切实提高引领带动能力和市场竞争能力。这在进一步强调合作组织作用的同时，也再次引发了农村经济合作组织与农村其他集体经济组织关系的思考。在现有的乡村治理格局和新农村建设过程中，这两类组织都是根据农业生产和农村经济发展需要，通过合作的形式把生产要素组织起来，为农民和农业生产提供服务的组织，都在不同的生产关系载体中发挥着重要作用。但是现有的发展实践中，这两类组织之间存在一定程度的资源竞争和利益矛盾。为此，各地应根据农村经济和农业生产的实际需要，选择适宜的组织形式，以最大限度地调动广大农民的积极性。

第四，打破部门分化，整合农村经济合作组织政策支持的多元部门。为让合作组织成为具有竞争力的市场主体，既要关注合作组织制度演进中的新动向，又要积极推动制度环境的改变。从各地情况看，农业、工商、税务、民政、财政等部门和科协、供销社、金融等系统在促进农村经济合作组织发展中都做了大量工作，但部门分化的多元管理体制也导致相互之间的协调沟通还相对欠缺，政策支持力量耗散低效。从国际经验来看，建立健全农村经济合作组织的指导服务体系是政府重视和支持合作组织发展的具体体现。政府设置专门的机构对合作组织进行指导与服务也是国际惯例。比如加拿大政府设有合作社秘书处，旨在加强合作社与政府中负责制定与执行合作社法律和政策的部门与机构的关系，以适应合作社的发展和加强政府在这个领域管理的需求。同时，秘书处向合作社提供政策咨询，协调政策的执行，而且成为合作社知识与技术服务的中心。美国政府设有专门为合作社服务的行政管理机构——美国农业部农业合作社管理局，下设信息服务处、统计和技术服务处、合作社市场处、合作社发展处、合作社服务处。其主要职能是向合作社提供范围广泛的专门知识，以帮助合作社提高服务和经营效率；及时提供详细的市场信息，帮助合作社以较低的费用获得供应和服务，以较高的价格出售产品；开展教育培训活动，提高社员的素质和水平，为合作社发展提供人才和智力支持；提供资金援助，提高合作社的装备水平等。①我国农村经济合作组织的不断发展，越来越需要专门的机构进行指导。应借鉴国外做法，在总结各地经验的基础上，设立全国性的农村经济合作组织指导和服务机构，以加强领导、整合资源，促进合作组织健康发展。

结合上述分析，为推进农村合作组织的持续良性发展，建构国家与社会的良性互动关系，可从以下方面进行相应地制度建设：一是要加强能促型政府的建构。在合作组织的发展过程中，政府的参与和支持是必不可缺的。但问题的关键在于，政府需要对自身的角色定位进行准确的认知与界定。否则，合作社发展到最后只能是一种被异化了的政府组织，根本无法得到真正意义上的生存或发展。从这个意义上说，来自新公共管理改革实践的能促型政府理念在很大程度上成为我们进行分析的相关参照。能促型政府的理念主要涉及国家社会关系的重构和政府角色的变化，强调政府通过采取各种方式帮助社会组织提升自己的能力，从而使后者更好地为民众服务。具体说来，能促型政府要求为所有合作组织建构健全的制度化管理环境，加强对合作组织社会资本和能力的投资。二是要加强合作组织专业化能力的建设。从农业经营中的行动者到地方治理中的政府支持者的角色转变，自主性的参与对合作组织而言，最根本的是加强自身的专业行动能力储备，逐步改变自身的弱势地位并逐步摆脱对政府的依赖。在厘清功能优势的基础上确立其不可替代的活动领域，逐步发展成为一支能够与政府展开"对话"的有效力量，这是促进合作组织持续发展乃至构建国家与社会良性互动关系能否建立的一个必要条件。

第七章 农村金融发展与农村经济发展的关系

第一节 农村金融对农村经济的促进作用

一、农村经济增长的适应性和农村金融结构变化二者的关系

（一）农村经济增长有效推进金融结构的转变，金融结构的变化紧随经济增长态势

针对于经济学角度来看，金融结构的调整与经济的发展二者之间具有双关性，也就是说，这两者之中任何一个要素发生了变化，不仅会导致另一个因素发生变动，而且还会使这个变动反作用于自身。由此，我们不难得出为什么农村金融机构的发展可促使农村经济结构、农村经济总量、农村经济形态发生相应的变化。最近几年，我国非常关注"三农"问题，不断出台各种支农政策，从而使农村经济的发展保持了良好的势头。另外，现代农业的兴起、农业机械化的普及，以及与农产品相关的产业链的延伸，又为农村经济的转型提供了强大保障。在这个过程中，农村经济对于发展资金的支撑提出了更大的需求，而政府提供的专项拨款却又非常有限，在这种情况下，适应农业经济增长需求的多种形式的农村金融服务机构得以产生和发展。

农村信贷服务机构的出现是农村经济发展的必然结果，同时也助推了农村经济的飞速发展。这是因为，农村经济发展过程中的借贷问题，不再依赖于单一的政府拨款形式来解决，农村金融机构为农民融资提供了非常便捷的平台，农村金融机构的建立使得农民树立了现代金融理念，多种类型的金融服务机构不仅为农村经济的发展提供了足够的资金保障，而且还促进了农村金融市场体系的进一步改进。

（二）农村金融结构的变动将为经济增长提供必要条件，金融机构的变化与经济增长的趋势相一致

一直以来，农村经济呈现出自给自足、发展滞后的局面，这也使得农村金融市场的发展非常缓慢。在计划经济体制下，农村金融市场基本上处于未开发的境地，这可以说与农村经济的封闭性有直接的关系。现代经济学指出，金融结构的调整能够直接制约经济发展，而经济发展又会反过来促使金融结构不断提升其服务水平。

在市场经济条件下，经济结构的不断完善以及经济总量的逐步增加，对金融市场提出了更高的服务需求。在这种状态下，金融市场开始增大了对金融资产的配置，推出了多类型的金融服务机构，并渐渐提高了金融服务效率，从而促使农产品市场逐步发展成熟。另外，农村金融机构及其服务网点的建立，使农村经济得到了有力的资金保障，提高了用于发展农村经济的资金周转率，降低了资金周转的时间成本和人力成本。再则，越来越全面的金融产品服务，使金融机构由单一的储蓄功能扩展为信贷、融资、转账、担保等多元化服务功能。农村金融服务体系的完善以及服务产品的推陈出新，是与农村经济的发展相适应的，二者相得益彰，共同进步，具有较高的关联性。

（三）金融结构变动可以有效应对农村融资供需方面出现的问题，推进农村经济快速增长

农村金融机构将农村经济发展作为基础，农村金融机构的发展与壮大不仅促使了农村经济呈现出逐渐完善的结构调整，而且为农村经济发展提供了有效的资金支撑和信贷支撑。长期以来，不健全的农村金融服务体系，以及落后的农村基础设施的配置，一直在制约着农村经济的顺利发展。在市场经济体制下，不断调整和优化的金融结构，使农产品的交易市场更加开放，并迅速加快了农村的市场化进度。自给自足的小农经济逐步退出农村发展的历史舞台，市场则成了农村经济发展的主导者。而尤为重要的是，为了适应农村经济的发展，减少农村融资供需矛盾，农村金融服务市场不仅在逐年增加资金配置力度，而且其服务效率也在同步提升。

二、农村经济增长限制农村金融机构变动的具体方面

（一）农产品自身属性展现出农业产业的弱质性特点，外界环境变化将对农产品产生影响

农业产业自身呈现出较弱的经济特性。自古以来，农产品就对自然环境

产生较大的依赖性，可以说气象、气候、土壤等自然因素直接决定了农产品的生长。因而农产品会面临无法人力消除的自然风险，比如，温度反常、干旱、洪涝、霜冻、冰雹等都会直接制约着农业生产，使农村经济遭到损失。而这些自然条件是无法运用科技手段进行改善的。由此可以看出，相对于其他产业，农产品的市场风险是非常高的。另外，在产业链结构中，市场对原料和食品的定位，又决定了农产品的需求层次。因而，农产品的需求空间较小。面对扩张较小、弹性不高的状况，如果农产品的供求平衡被打破，在交易终端必然会出现产品产量不足或者产量过剩的状况。尤其需要注意的是，农产品中生鲜类产品通常会受到时间、空间、温度等因素的限制，非常不便于及时交易，而且还会产生较大的损耗，对农产品及时变现产生了明显的影响。再则，由于农产品的生产具有周期性，而且其供求状况往往不能得到市场及时调节，从而造成了供需矛盾得到激化、农产品市场发展畸形，农产品的低收益与其自身的附加值较低有一定的关系。以上种种因素导致了农产品具有相当大的不稳定性，在宏观经济 GDP 中，农业经济的比值最低，而这种特性又给农村金融机构的发展带来了一定影响。

（二）农村金融生态环境发展状况较差，出现较高的不良贷款率以及信用盲区

对比以往，我国农村金融机构呈现出跨越式发展。虽然农村存贷款比例以及贷款规模都在逐年增大，但是受制于不稳定的金融生态环境，违约以及贷款逾期不还等现象也在逐渐增多，从而阻碍了农村金融机构的健康发展。与城市相比，不良的农村金融环境具有这样的特点：一是不健全的法制环境，使金融债权得不到正常保护，农村企业以及农户经常发生恶意贷款行为，这也是导致金融生态环境得到恶化的主要原因。二是征信体系不完善，无法甄别某些借贷行为和借贷者身份，进而导致不良贷款和金融风险得以增加。三是农村金融与农业经济的不平衡发展，影响了惠农资金的正确流向，大多数资金被注入到乡镇企业或其他行业，而农业机械和基础设施的建设却得不到资金保障。

三、农村金融对农村经济的促进作用

农业是国家经济的基础，农村金融更是一个国家宏观金融体系不可或缺的重要组成部分。根据第一章的理论述评可以确定金融与经济增长有着十分密切的联系，农村金融的发展直接关系到农村经济的发展，而农村经济作为国民经济的"短板"，其发展水平在很大程度上决定了一国经济发展水平，因

此充分发挥农村金融对农村经济的支持作用是十分重要的。

以下从三个方面来分析农村金融对农村经济的促进作用。

（一）农村金融的融资功能

融资是金融的基本功能之一，为农民提供融资渠道是农村金融的基本功能。与城市居民一样，农民的收入大致可以分为两大部分，一部分用于日常生活消费，另一部分则用于投资。在农村金融发展较为滞后的情况下，大多数农民都选择了储蓄作为主要的投资方式，但是这种投资方式的增值率较低，无助于农民财富的迅速积累。而农村金融可以为农民提供更多的投资选择，保证农民在享受各种金融服务的同时实现财富的迅速积累，也就是说农村金融越完善，农民收入越高就越有利于农村金融融资功能的发挥。

融资是金融的起点，投资是金融的重点。在一个经济区域中，金融机构能够获得的储蓄量越多，它向市场提供的信贷资金也就越多，借贷人可以通过金融机构的融资来获得更多的资金用于扩大生产，从而推动经济增长。据此可以判断农村金融的融资功能在推动农村经济增长中主要是通过以下三个途径解决的。

第一，农村金融的融资功能能够解决目前农村资金分散的问题，实现资金的集中利用，资金的提供者能够通过更多的利率增长财富，资金的使用者能够获得更多的资金用于扩大生产投资。

第二，农业生产有着很强的季节性，农村对资金的供给与需求在时间结构上也存在很大的矛盾，需要的时候缺少资金，闲余之际又不知如何安排手上的资金已成为农村普遍存在的问题，而农村金融的融资功能则很好地解决了这一问题。

第三，农村金融机构主要业务是吸收存款、发放贷款、进行其他投融资服务并承担相应风险。业务性质使得农村金融机构得以成为资金供求双方的中介。通过金融机构这一中介，资金供求双方贷存意愿得以实现，农村储蓄者与农村投资者资金供给与资金需求条件的谈判也更加方便。

（二）农村金融使资金使用更加有效

金融支持经济发展作用的发挥很大程度上取决于金融资金的使用效率。对于农村经济而言，农村金融的发展毫无疑问使得农村相对有限的资金得到更好使用。地区、产业、市场主体的不同决定了不同地域的农村对于资金的需求也是存在一定的差别的，有些地区农村闲余资金过多，造成了资金的浪费，也有些地区缺少资金，阻碍了农村的经济发展。而农村金融的存在通过为农民提供更多的储蓄渠道来将农村的闲余资金聚集在一起，然后根据不同地区农村的实际发展需求进行分配，使得全社会的资金使用效率更加有效。利率在这一过程中发挥着重要作用，资产所有者会把闲散资金和投资收益率低于市场利率水平的投资资金存入金融机构从而持有收益较高金融资产；相反，收益率高于市场利率的资金需求者的资金需求将会得到满足。金融机构和金融中介使整个农村社会资金配置效率大大提高。

（三）农村金融推动农业科技进步和农业生产率的提高

农业生产率的提高是建立在农业生产技术的进步基础之上的，而农业生产技术的发展很大程度上依赖充足的农业生产技术研发资金的投入。农村生产技术发展较满是两个原因造成的：一个是农业生产技术的研发者看不到利益的空间，研发积极性受到极大的挫伤；另一个则是资金的分散使得研发者缺少足够的资金进行长期的研发。而农村金融的完善与发展一方面解决了农业生产技术研发资金不足的问题，另一方面也减少了传播与应用的阻碍因素和某些阻碍因素的阻碍程度，使其应用空间得以扩大，从而更易于推动农村地区科学技术的发展、应用与传播。

四、农村金融对农村经济增长作用的优化途径

（一）借助高新技术提供精准金融服务

我国农村金融发展具有一定的特殊性，为了提高农村金融对农村经济增长的作用及影响，应该以不断完善多层次资本市场的方式，促进我国农村金融的混合发展。此外，应该鼓励农业投资基金向着多元化方向展，并构建农业金融为时不晚体系。通过不断创新与以高新技术的运用，为农村经济发展提供精准的农村金融服务。

（二）不断健全多层次资本市场

在此环节中，应该积极发展主板市场以及创业板市场，有利于吸引更多不同层次的产业投资基金。此外，应该构建起具有区域性或者全国性农业产权交易平台，以创新发展农业产权交易形式，为相关服务企业发展需求提供丰富的资金。同时，还有利于投资基金可以以自由流动的方式进行优化配置，增强农村金融对农业经济发展的支持作用。

（三）鼓励农村金融向着混合发展方向发展

农村金融在实际发展过程中，由于受诸多因素的制约，农业小额贷款、农业担保等农村金融服务，主要是由民营经济或者民营经济控股的混合所有

制小额贷款公司提供。从某种层面上来分析，国有小额贷款公司没有发挥出其应有的作用，对农业给予大力支持。因此，应该不断创新国有资本的监管机制，并通过鼓励农业金融服务机构以混合所有制发展的形式来有效提升对农村经济增长的促进作用。

（四）鼓励农业投资基金向着多元化的方向发展

农业投资基金主要是农村企业为具体投资对象，并通过股权投资的方式来进行农业产业的投资。投资基金需要为农村企业提供相应的资金，并针对其企业的管理模式、运营方向、资本运作等方面进行指导，最终协助所投资企业成功上市后退出投资。基于当前我国农业发展需求，应该大力发展农业投资基金，通过推动多元化投资基金形式，最大化满足不同层次的农业企业以及农户的资金需求。

（五）大力发展农村金融保险体系

根据发达国家农村产业发展规律以及实际显示，农业保险业务对于农业生产有着分散风险、提升产业生产积极性以及促进农产品市场稳定性等作用。我国在发展农村金融过程中，需要在政府的主层来通过正确的市场运作以及自主自愿形式，构建完善的政策性农业保险长效机制。通过不断发展农业保险公司来实现农业再保险，最终提高农业保险所具有的融资能力以及保险服务能力。

（六）借助大数据技术开展精准金融服务

大数据技术在许多领域得到了广泛的应用，对于农村经济活动产生了非常大的影响。尤其是针对消费者消费习惯的数据分析，可以有效分析出消费者的消费喜爱，并为相关消费者提供精准的个性产品推送服务。随着大数据技术的不断创新与发展，可以对农村金融服务需求进行精准定位，在一定程度上可以有效缓解当前小微企业贷款中所表现出的信息不对称问题，有效提升了金融服务能力。所以，可以借助大数据技术来对农村金融进行相关数据挖掘，为农村金融服务质量奠定坚实的基础。

总之，针对当前农村金融对农村经济发展的作用机制进行分析，可以发现通过加大农村金融发展力度，实现对农村各类型资本积累的改善。同时，还应该结合当地实际情况，构建起规范化的农村金融发展模式，并规划合理化的农村金融规模，为促进农村经济发展提供保障。

第二节 基于金融深化理论的农村金融经济发展

一、金融深化与经济发展

爱德华·肖和罗纳德·麦金农（1973）在分析发展中国家金融状况时分别提出了金融抑制和金融深化理论，认为经济增长与金融发展存在相互制约、相互促进的关系。他们首次提出发展中国家经济落后的症结在于金融抑制，分析了如何在发展中国家建立一个以金融促进经济发展的金融体制，即实现金融深化。后来人们把他们的这一理论统称为"金融深化理论"。这一理论实质是主张发展中国家进行金融自由化改革，以促进经济的迅速发展，它对发展中国家的金融发展实践产生了深刻的影响。金融深化理论以金融自由化为目标，要求放松或解除不必要的管制，实现金融市场经营主体的多元化以及金融资源价格的市场化。赫尔曼和斯蒂格利茨在他们的《金融约束：一个分析框架》一文中，重新审视了金融体系中的放松管制与加强政府干预的问题，确立了通过政府推动金融深化的策略。他们认为，政府的适当干预是必要的，金融约束的目标是政府通过积极的政策引导为民间部门创造租金计划，尤其是为银行部门创造租金机会，使其有长期经营的动力，以发挥银行的优势，减少由于信息问题引起的不利于完全竞争市场形成的一系列问题。可见，金融约束理论是对金融深化理论的丰富和发展，强调发挥政府在市场失灵下的作用，是一种选择性干预政策，也是发展中国家从金融压制状态走向金融自由化过程的一种必然性政策。从上述分析可见，金融深化有利于经济增长，而农村金融深化则有助于解决当前农村金融抑制问题，促进农村经济的发展。

二、金融深化的表现

每一次金融分工都是金融深化的表现，从传统的银行这一兼顾所有金融业务的金融机构到证券公司这一单独负责股票、证券投资金融机构的出现，可以看出金融分工的专业化程度在不断加深，随之而来的是金融市场中金融机构的数量迅速增加。而金融机构的增加不仅意味着金融交易方式更加的多元化，更意味金融需求和金融供给不断扩大，这也就刺激新的金融产品与机构出现，实现了金融市场发展的良性循环。具体来说，金融深化的表现主要有以下几点。

（一）专业生产和销售信息的机构的建立

正如上文中所论述，信息不对称是市场交易中普遍存在的现象，解决这一问题的关键在于建立交易商制度，交易商指的就是专业生产和销售信息的机构，如美国的标准普尔、穆迪公司等信用评级机构以及中国的中诚信、大公等信息咨询机构都是将收集融资主体信息、然后公开和贩卖这些信息作为主要业务的机构。专业生产和销售信息机构的建立是金融深化的一个重大表现，标志着金融体系的一些固有缺陷已经得到了重视。当然，专业生产和销售信息的机构的建立并不能完全消除逆向选择问题，因为很多投资者会跟随购买信息的人进行投资，即经济学界中所谓的"搭便车"行为，这些投资者的资质是难以保证的。

（二）政府采取措施进行管理

随着对金融深化研究的深入，经济学家们也意识到了政府彻底放弃对金融的管制对于金融体系的发展有害无利，因此政府采取措施对金融进行宏观管控也是金融深化的一个重要表现。值得注意的是，金融深化环境下的政府管制与金融抑制下的政府管制是存在很大的差异的，金融深化下的政府管制主要以制定和执行统一的会计标准、信息披露标准为主，在金融市场中更多的是担当游戏裁判的职责。

（三）金融中介成为金融发展中的重要现象

像银行、货币经纪公司、信托公司、证券公司、基金管理公司等金融中介的出现和专业化分工，是金融深化的最重要表现。它们分别以不同的方式和成本，根据各自对风险的好恶程度和承受风险的能力，选择不同的交易对手和金融交易产品，作为各自的业务经营的重点和特点，而把自己同其他的金融机构区别开来。这些机构当中，商业银行最具有特殊性，即它是通过单独向单个客户发放贷款的方式来进行的，因而能够有效地防止出现搭便车的现象。因此，银行也是能够最成功地减少不对称信息的金融中介机构。在发展中国家的金融体系中，银行一直承担最重要的金融中介作用。（4）限制条款、抵押和资本净值。金融深化在金融交易中的表现就是相关合同条款越来越明确，限制性条款越来越多。金融交易本身就存在很大的不确定性，例如借款人以种种理由为借口不归还借款或者擅自将资金挪用他处等。这种情况下贷款人为了避免出现自己不想见到的事项就会在合同中设置限制性条款。限制性条款通常包括限制借款人从事某些活动和高风险投资、鼓励借款人采取一些有利于保证贷款偿还的措施、要求使抵押品处于良好的保管状态、要求借款人定期及时地提供其经营状况的信息。

总之，金融深化的表现其实就是金融深化理论固有缺陷的弥补过程。金融深化的一个典型特征就是金融体系发展交由市场决定，而实践证明在缺少外在因素约束的情况下，金融体系必将朝着单纯的资本运作的方向发展，这不利于社会生产性投资的扩大，因此采取种种措施对金融体系进行限制既是金融深化的表现，也是金融深化的重要内容。

三、农村金融发展与金融深化的措施

（一）范式选择

当代中国的新农村建设，究竟需要什么样的金融深化？我认为要在充分考虑过来发展中国家金融深化经验教训的基础上，切实从我国新农村建设的客观实际出发，重点要考虑以下三点：（1）科学发展的导向。新农村建设必须坚持科学发展，必须在城乡统筹的大背景下进行。统筹城乡发展，就是要更加注重农村的发展，解决好"三农"问题，坚决贯彻工业反哺农业、城市支持农村的方针，逐步改变城乡二元经济结构，逐步缩小城乡发展差距，实现农村经济社会全面发展，实行以城带乡、以工促农、城乡互动、协调发展，实现农业和农村经济的可持续发展。（2）"三农"问题的走向。新农村建设的实现路径归结起来大致有三条：一是"异化"，即城市化，农业变成工业、服务业，农村变成城镇；二是"进化"，即农业现代化，传统的小农业变成现代大农业；三是"退化"，即生态与环保上，退耕还林，发展生态环保旅游产业。三条路径演变的最终结果是"减少农村，减少农民"。农村金融只有顺应新农村建设的基本路径和产业演进的基本规律，才能有效把握农村金融需求变化的阶段特征，从而有效地满足农村金融需求。（3）结构变化的趋向。统筹城乡发展，城乡关系、工农关系得到全面改进，农村获得公平的市场条件和利益环境，农村经济结构将得到进一步优化或者说是根本性的调整，国民经济的整体协调力明显增强，城乡二元经济结构必将被逐步消除，广大农民将逐步获得平等的发展机会、平等的发展能力、平等的享受发展成果的地位。农村经济结构重大变化，客观上要求农村金融结构作出相应的改革和调整。

（二）一般框架

城乡统筹型的农村金融深化，联系今天新农村建设的现状和发展要求，其一般框架应包括四个相互联系的方面，或称框架的四要素。

一是市场开发统筹，或称市场要素。这是金融深化的空间结构或边界，是金融深化的作用区域。农村金融深化的根本目的从金融角度而言就是把农村金融市场激活、升温、提质、放大，以更加高效地服务于新农村建设。市场开发统筹的基本含义是遵循城乡统筹发展的要求，对我国农村金融市场进行整体规划，统筹布局，优势互补，相得益彰。既要防范金融风险，保障稳健经营，又要与新农村建设的特点相匹配，提高资源利用效率。农村集中了我国数量最多、潜力最大的消费群体，是我国经济增长最可靠、最持久的动力源泉。建设新农村是保持国民经济平衡较快发展的持久动力，将推动我国经济增长方式由投资拉动型向需求带动型转变。因此，有序开发农村金融市场，实现与城市金融的有效互通，形成相对合理的农村金融市场结构，这是金融深化的基础。

二是资源运动的统筹，或称资源要素。资源是金融深化的武器。资源运动的统筹包括总量与结构的统筹以及城乡资源共享的统筹。由于体制性等多方面原因，农村金融资源的大量流出，已经严重制约了新农村建设的投入力度。社会资金的"虹吸现象"已经导致金融资源不愿去农村发展。农村融资中的"死结"问题始终未能解决。在新农村建设中，金融资源的分配或运动首先要全面贯彻农村市场资金"取之于农，用之于农"的方针，确保农村自身的资源能够用于农村发展，这是最起码的要求。随着以工促农、以城带乡力度加大，"村外"的资源供给也会随之增加，"村里""村外"的金融资源更应统筹配置，优化投向，发挥最大效能。

三是政策导向的统筹，或称政策要素。要根据农村金融市场开发、金融资源整合利用的要求，统一金融支农的全部政策导向，实行有利于农村金融市场发展、农村资金回流农村的金融政策。金融政策决定信贷资金投放方向和结构，是调整国民收入分配的重要手段之一。金融政策的统筹包括政策方向、作用区域及具体政策工具的统筹。要根据新农村建设和以城带乡的态势，调整政策的作用方向和作用区域，以统筹城乡为主导，以农村地域为重点，加快整合现有政策工具，为农村金融市场开发和资源运用提供坚强有力的政策支持，发挥政策的引导、激励、约束功能，真正形成与社会主义新农村建设相适应的金融政策体系或政策结构，为金融深化指明方向，增强金融深化的科学性、稳定性、预见性和效率性。

四是利益关系的统筹，或称为利益要素。社会主义新农村建设，无疑是城乡利益关系的一次重大调整，涉及到一系列利益集团或利益主体不同的利益诉求。在新农村建设中，城乡统筹的金融政策能否得到切实执行，关键是对金融市场主体利益关系的有效统筹和协调。如果说政策是利益均衡的结果，那么统筹兼顾好各方利益才能更好地执行政策。金融利益关系统筹包括利益引导、利益约束、利益补偿、利益调节手段的统筹，其实质是建立有利于新农村建设金融深化的利益结构。通过最核心的利益机制的统筹，推动金融深化政策的落实、金融资源的优化配置及金融市场的永续发展。

以上四要素，是城乡统筹型金融深化模式的基点或基础。市场开发是前提，资源运动是核心，政策引导是方向，利益的调整是动力。只要积极探索和大胆实践，构建良好的利益结构、政策结构、资源结构和市场结构，城乡统筹的金融深化就具备了良好的统筹结构和基本框架。

（三）路径依赖

一是理念创新。农村金融今天的落后状况与理念、观念创新严重滞后紧密相关。而理念观念滞后又与对农村金融的重视程度相关。赋予农民公平的待遇、完整的财产权利和平等的发展机会，建立城乡平等的经济社会新体制，促进城市基础设施向农村延伸、城市的公共服务向农村覆盖、城市的现代文明向农村辐射，需要我们高度重视农村人权。可以说，没有农村人权状况的进步，就没有全国人权状况的进步。过去的农村金融没有坚持以人为本，忽视了金融服务的消费权也是农村人权的重要部分，其实尊重老百姓的金融需求，就是尊重了老百姓的人权。穷人的银行家尤努斯曾说："贷款的权利应被视为一种人权，贷款能够在全球摆脱饥饿方面起到一种极其战略性的作用"，他认为借贷亦是人权的一部分，穷人也应当拥有这个权利。新农村建设的金融深化必须打开思维的通道，确立尊重人权、城乡平等；以农为本，扶农有责；金融之基，根于农村；因地制宜、方式灵活；敢为人先，重在创新的理念，深入贯彻生产力标准，奋力推进思想的大解放，不致于被传统甚至落后的东西束缚我们的手脚。

二是机构创新。新农村建设的金融深化，必须要有一个开放、有序、竞争的多元化农村金融体系来支撑。根据农村金融需求的层次性，需要全力构建政策性金融、商业性金融、合作性金融、民营性金融以及其他金融组织相互并存、功能互补、分工合理、高效运行的多元金融体系。从目前起，农村金融机构创新的重点，一是统筹改造老机构，提升支农新功能。政策性金融、商业性金融及合作性金融（即老机构）要全力推进服务"三农"的机制创新，包括进一步调整和优化完善其经营网点布局。继续深化中国农业银行、中国农业发展银行、农信社及邮储银行的改革。二是大胆创设新机构，放大支农新服务。积极培育农村中小金融机构，支持民间资本在农村发起成立村镇银行、专业化贷款公司，规范非正规金融或给其以合法的出口，推进民营金融的普遍发展。中小金融机构在处理与涉农中小企业和农户的信贷关系时具有相对信息优势，它的发展可以消除大银行的垄断，提升整个社会的资金使用效率，是最适应农村现实生产力水平的一种战略选择。加快建立政策性和商业性的农业保险体系，提高对农村、农业的风险保障能力。

三是产品创新。适应新农村建设多样化的金融需求，金融产品创新就是金融深化十分重要的载体和渠道。金融产品是金融供给的对象，充分吸纳农村金融需求的特点，是产品创新致胜的保证。坚持多样化、丰富性的原则。在产品功能上，要加强初级、中级、高级金融产品创新，以适应农村多层次的金融需求；在产品性质上，要加强资产业务、负债业务、中间业务产品独立创新和一体化创新，以适应农村不同特点的金融需求；在区域分工上，要加强极具区域经济特色的金融产品创新，以适应个性鲜明的独特需求。比如，基于信贷类农村基础设施建设配套贷款、农业绿色产品开发贷款、农村环境无形资产开发贷款、农田水利改造专项贷款、大型农业机械设备按揭贷款、农产品套期保值贷款、农业订单贷款、特色产业基地建设贷款、农业科技推广贷款、农村消费贷款、农民进城务工贷款、农民工返乡创业贷款、林权质押贷款等等；基于中间业务类的结算、代收代付、投资理财、信息咨询、网上银行、农民工银行卡、手机银行等等。

四是技术创新。科技是第一生产力。新农村建设的金融深化需要强有力的技术支撑。（1）业务处理系统的电子化程度。要大力开发利用先进的业务处理系统，才能实现金融服务的现代化。要加强物理网点与虚拟电子网点的协调布局，发挥各自优势为新农村建设服务。按商业金融原则先不宜直设物理网点的地方（集镇、村），通过技术设备为农村提供自助服务，是提高金融服务覆盖率和渗透率的有效手段，特别适合新农村建设初期金融需求初级化的特点。（2）金融管理的信息化水平。要加强管理系统的现代化建设，开发运用比较先进的技术装备管理系统，提高管理的时效性。（3）金融产品的科技含量。加强金融产品的技术创新，是实现金融产品现代化的基本途径。要紧密跟踪新农村建设金融需求的变化节奏，着力强化金融产品技术研发，以更加便利农民"消费"金融产品。

五是制度创新。从消除金融排斥性入手，创新与新农村建设金融深化相适应的制度安排。首先，创新金融支农的法定化机制。通过立法等形式规定金融机构的支农义务与责任，使农村金融供给上升为法定供给层次。加快研究制定《农村金融深化法》等相关金融法规，明确规定设在农村的所有金融机构在保证资金安全的前提下，必须将一定比例的新增存款投放当地，支持新农村建设。其次，创新资金回流农村的机制，从严限制金融机构把农村金融资源吸转到高利产业和区域。禁止非支农金融机构在农村地区（县及县以下）吸收存款，掠夺农村金融资源。再次，创新农村信贷抵押机制，建立和完善动产抵押、仓单质押、权益质押制度，促使农村资源转化为金融信用，解开农村融资中的"死结"。建议对农民的土地使用权和房基地等，通过发证确权方式，使农民手中的有限资源转化为金融机构认可的、可流转的信用依据。打破以不动产抵押为核心的贷款机制，积极发展针对企业存货、应收账款、知识产权等动产融资，按照《物权法》规定的动产质押制度，创新诸如厂商银三方合作担保、供应链融资等信贷产品，积极为农村中小企业融资提供便利。第四，创新利率要素价格形成机制。突破资金瓶颈，引导金融资源合理配置特别是向农村地区倾斜，利率是一个非常重要的经济杠杆。利率发挥作用的关键是利率市场化，必须寻求一个动态的相对合理的利率均衡。从世界范围考察，农村金融一直是以高利率为特征的。小额信贷在国际上获得成功的明显特点之一就是高利率水平。农村金融（其中的政策性金融除外）的贷款利率在覆盖经营成本、风险成本之后，还必须为其带来必要的利润。只有"三农"贷款变得有利可图，农村才能形成资金集聚的"洼地效应"。在多样化的农村金融体系中，只要是能够反映交易双方公平交易价格的利率水平，都是农村商业性金融、合作性金融、民间金融合理的利率水平，都应该予以保护。第五，创新农村金融宏观调控机制。根据城乡统筹的发展要求，构建以城带乡的金融宏观调控机制，建立以城带乡的货币信贷政策体系，真正把城乡金融统筹起来，并且把重点放在新农村建设的金融深化上。首先要实行城乡差别的准备金率，使农村金融机构的资金尽可能都用于农村建设，不能像去年以来金融宏观调控一样机械化地上调存款准备金率，从而保证农村区域范围内的存款资源大多数在农村循环使用，增强资源供给能力。其次要加强农村金融市场的一体化监督，建立金融深化的绩效考核制度和信息披露制度及社会责任报告制度。第六，创新金融支农激励机制。这种激励包括市场准入的激励，鼓励各类银行在农村增设分支机构，鼓励农村各类新型机构加速成长，鼓励各种金融业务向农村延伸渗透；责任目标的激励，对支持新农村建设贡献卓著的机构和个人实行嘉奖以及给予相应的政治、物质待遇；补偿机制的激励，即实行有利于新农村建设金融深化的财税政策，扶持各类金融机构扎根农村。

第八章 农村经济金融体系构建

第一节 农村金融体系理论述评

一、农村金融组织体系的含义及构成

农村金融组织体系的含义有广义和狭义两种解读方式，从狭义的角度来看，农村金融组织体系指的就是农村金融组织，即以农村金融为主要业务的金融机构；而从广义的角度来看，农村金融组织体系包括农村金融组织、农村金融制度、农村金融的运行机制等要素，具体如下。

（一）农村金融机构

各类金融组织是农村金融体系的主体，也是农村金融服务的供给者，在整个农村金融组织体系中居于基础性地位。包括农村商业性金融组织、农村政策性金融组织、农村合作金融组织和民间金融组织等形态，在后面章节中将具体展开。

（二）农村金融制度

农村金融制度指的就是国家为确保农村金融活动的顺利开展制定的一系列规章制度目前中国农村金融制度主要包括信用制度、信贷管理制度、利率制度。

1. 信用制度

信用是金融活动的一个重要前提，在金融市场发展的初期阶段，法律制度不够完善的情况下金融业务的开展都是建立在信用的基础上的，金融借贷行为在一定程度上收到信用的约束。随着金融市场大的不断发展，信用的这种自发性约束作用对借贷双方的限制越来越小，因此国家开始以制度的形式将信用确定下来，形成了目前所见到的信用制度。信用制度不是惩罚机制，而是一种预警机制，主要是通过对借贷双方的信用评级考查来确定能否参与

金融活动以及金融借贷的上限。

2. 信贷管理制度

金融借贷是金融活动的基本形式，可以说所有的金融业务都是从金融借贷衍生出来的，做好金融借贷管理也就意味着金融活动的有序进行。农户缺少稳定的收入来源以及农业生产的高风险、低收益特征使得农村金融借贷的资质审查一向比较严格，但是随着农村经济的不断发展，农户对资金的需求也在不断提高，严格的资质审查往往导致农户无法获得贷款。对此需要将之前的资质审查流程上升为借贷管理制度，对借贷对象的要求、借贷的基本流程等进行规定。如此一来，既能够保证农村金融借贷不会出现烂账、呆账的现象，也能够提高金融借贷的效率，解决农户的燃眉之急。

3. 利率制度

如果将借贷看作商品，那么利率指的就是购买这件商品的价格，由此可以看出借贷这件商品的供需决定了价格——利率的高低。农村金融机构有以银行为代表的正规金融机构和以民间金融为代表的非正规金融机构两种，其中正规金融机构由于处于政府的管制之下，因此借贷利率始终保持在一个可以接受的范围之内。但是民间金融则不然，随着农村金融供需矛盾的日益突出，民间金融借贷利率也在迅速的提高，使得农户的资金成本不断增加，阻碍了农村经济增长。因此，利率管控应当从正规金融机构扩展到正规金融体系，应当从利率指导上升到利率制度，以法律制度的形式对农村金融借贷利率进行限定，保证农户有"商品"且能够用得起"商品"。

（三）农村金融运行机制

金融活动不是简单的借贷，农村金融机构作为农村金融的主体，其金融服务职能也不是直接面向农户发挥的，而是通过一系列的运行机制来完成的，目前中国农村金融运行机制主要包括融资机制、风险分担机制、运作机制、监管机制、市场准入机制等内容。

1. 融资机制

金融机构是金融的供给者，那么金融机构的资金来源在什么地方？这就涉及金融机构的融资渠道了，融资机制越完善也就意味着融资渠道越多，更意味着金融机构能够为农户提供的资金支持越多。中国农村正规金融机构与非正规金融机构的融资机制是有所差别的，一般来说，正规金融机构的融资机制涉及上级银行部门、债券、股票等，因此资金一向比较充足。而非正规金融机构的融资机制则涉及亲朋好友，融资渠道较少，能够获得的资金有限，因此不仅金融借贷的利率较高，而且运营的风险较大，一旦遇到恶意拖欠的问题就会遭受巨大损失。

2. 风险分担机制

所谓的风险分担机制指的就是金融机构出于自身利益的考虑，在金融借贷中不会选择独自承担金融风险，而是通过一系列手段将金融借贷的风险分担在借贷人身上的一种管理机制。由于农业生产的高风险、周期长、低收益特性，因此农业借贷的风险也远远的高于其他行业，对此农村金融机构在提供资金时往往是通过与保险公司合作的方式将农业借贷风险分担，即在借贷合同中强制要求农户购买农业保险，并且规定农户借贷的使用范围，一旦借贷资金超出合同规定，那么所造成的损失完全由农户承担，如此金融借贷风险就由金融机构、保险公司、农户三方共同承担。这种金融借贷风险分担机制不仅有助于提高借贷资金使用的安全性，更能够促使农村金融机构长期健康的发展。

3. 运作机制

运作机制指的就是金融机构的一系列金融服务是如何运行的，一般来说，运作机制好坏与否的两个基本评价指标是运作内容的丰富性与运作效率的高低性。其中运作内容的评估可以从金融服务手段是否具有创新性，金融业务是否覆盖农村经济的各个方面，金融服务是否能够促进农村经济增长等方面进行；对于运作效率的评估可以从金融服务流程、金融服务在农村资源配置中发挥的作用等角度进行。

4. 监管机制

金融活动虽然具有高风险性，但是它的高收益特性也是不容忽视的，这也是近些年农村民间金融发展迅速的一个主要原因。但是在农村金融发展的过程中也不可避免地出现了一些如高利贷盛行、借贷资金挪用等问题，这就需要建立相应的监管机制来对农村金融活动进行监管。一般来说，农村金融监管机制的主体有两方，一方是政府，政府主要承担着对农村金融市场进行宏观的监督，通过相关的制度政策来保证存款人和投资者的利益；另一方则是金融机构本身，金融机构通过对借贷人的监督来确定借贷人没有将资金挪用，保护自身的利益。

5. 市场准入机制

也称市场准入制度。它是国家对金融市场中活动的金融组织进行的基本干预，是政府管理金融市场、干预经济运行的制度安排，主要是国家意志干预市场的表现。国家安排合理的准入机制对于繁荣农村金融主体起着重要作用，主要包括准入资本范围确定问题、注册资本金降低问题以及准入条件和准入范围问题等。同时，农村金融组织要积极引入竞争机制、激励机制，以推进农村金融组织体系更加优化、有序。

综上所述，农村金融组织体系不是一个简单的个体，而是多种金融因素的综合，其中金融机构与农户是农村金融组织体系的主体，二者承担着金融供给与需求的角色；农村金融制度是保证农村金融能够沿着一条正确道路发展的重要保证，也是保证借贷双发利益不可或缺的措施；农村金融运行机制则是农村金融机构健康稳定发展，保证农村金融能够充分发挥其对农村经济增长作用的重要保障。

二、农村金融组织体系在农村金融中的地位及其改革意义

（一）农村金融组织体系在农村金融中的地位

农村金融组织体系由金融机构、金融制度、金融运行机制构成。其中金融机构作为农村金融活动的主体，是农村金融的基础，金融制度是农村金融的保障，金融运行机制则是农村金融服务的载体，可以说农村金融的一切活动都是围绕着金融组织体系展开的。具体来说，农村金融组织体系的不同组成部分在农村金融中的地位也是有所差别的。

农村金融机构作为农村金融的主体，它在农村金融中的重要地位不言而喻，事实上农村金融机构是农村金融的供给者，农村金融机构的数量与质量直接关系到农村金融需求能否得到满足，如果农村金融机构较少，那么农村金融将会处于一个供小于求的环境中，农村金融利率将会不断提高，阻碍农村经济的发展。此外，金融机构也是农村金融活动开展的重要场所，基本上所有的金融活动都是在金融机构中展开的。

农村金融制度是金融监管体系的一个重要组成部分，在金融发展的初期阶段，金融制度的作用并不是很突出，但是随着农村金融的不断发展，农村金融业愈加复杂，这就需要将之前约定成俗的习惯上升到制度层面，对农村金融活动进行约束。农村金融制度的存在保证了农村金融市场的稳定运行以及公平竞争，保证了金融活动双方的利益。

金融运行机制是金融活动的载体，一切的金融服务都是通过一定的金融运行机制来实现的。金融运行机制包括融资机制、风险分担机制、运作机制、监管机制、市场准入机制等内容，融资机制保证了金融机构的资金来源，这是农村金融需求能够得以满足的基本前提，风险分担机制是降低金融机构的运行风险，保证金融机构稳定发展的重要保障，运作机制是农村金融服务能够覆盖农村经济各方各面的重要途径，监管机制既保证了农村金融的稳定，又保证了借贷双发的利益，市场准入机制是国家对农村金融干预的直接体现，

避免了农村金融机构的良莠不齐。

（二）农村金融体系改革的意义

金融组织体系表征着金融系统中所有参与者地位、职能和相互关系，甚至在一定程度上决定着彼此的活动原则和行为准则。所以，从完善农村金融组织体系为切入点，通过改革农村金融组织体系，可以从根本上变革和完善整个农村金融体制的基础结构。具体来讲，农村金融体系改革具有如下几方面的意义。

1. 从宏观层面看

农村社会经济的发展必然离不开强有力的资金支持，这也就离不开农村金融的发展，农村金融一方面可以为通过融资来促进农村经济的增长，另一方面农村金融本身就是农村经济的重要组成部分，缺少金融市场的经济体系是不完整的。目前中国农村的融资渠道主要以政府拨付和金融融资为主，而从中华人民共和国成立以来政府对农村的财政援付来看，政府的财政支持十分有限，这就意味着通过农村金融来解决新农村建设的资金问题是唯一的选择。但是目前中国农村金融存在着商业性金融机构在农村金融供给中的地位逐渐削弱，反而成为农村资金的抽水机，大量的资金被抽调到城市区域，合作性金融组织发展混乱，金融服务仅限于地方区域，难以承担全国新农村建设的重任，政策性金融机构业务范围有限，难以给予农村金融以支持，民间金融规模较小等问题，因此从宏观层面上来看，农村金融体系改革是解决农村经济建设资金不足的唯一途径，也是新农村建设的必然举措。

2. 从中观层面看

农村金融体系改革是农村改革的重要组成部分，关系到新农村建设的发展。事实上，农村金融体系改革并不是简单的对金融机构、金融制度等进行改革，而是涉及农村经济建设的各个方面，这是由金融与经济之间的密切联系所决定的。例如金融制度的改革，金融制度是金融市场发展到一定阶段的必然产物，但是这并不意味着金融制度完全因为金融市场诞生的，相反，金融市场的发展对于金融制度的出现仅由推动作用，归根结底金融制度是社会经济发展的产物。农村社会经济的不断发展必然导致之前一些经济活动中自然形成的约束机制效用下降，这就需要将这些机制上升到制度的层面，以后以此对农村社会经济活动进行约束，金融制度正是诞生于这一背景下，正因为经济的发展导致农户思想出现了变化，进而影响农户对金融借贷的理解，促使金融制度的出现。

3. 从微观层面看

金融体系改革的一个直接表现就是农村金融网点的不断增加,自各大商业银行商业化改革以来,由于农村金融的收益周期长、效率低的员工,商业银行在农村中的营业网点被不断的压缩,使得农村的金融需求无法得到满足。而金融体系改革的一个重点就是促使商业银行将资金流入农村,增加农村的金融供给,这些都需要相应的营业网点给予支持。因此,从微观层面的角度来看,农村金融体系改革所带来的直接影响主要体现在两个方面:一个是农村的小额资金需求问题得到了解决,与非正规金融机构相比,正规金融机构的业务毫无疑问更加丰富,也能够更好地解决农村的资金需求;另一个则是农村营业网点的增加为农村金融活动提供了很大的便利,自正规金融机构纷纷从农村撤离以来,农村的金融活动就受到了抑制,农户既没有进行金融活动的场所,也没有能够给予帮助的金融机构。而营业网点的增加则将使得农村金融活动更加便捷,增加农村金融市场的活力。

第二节 农村金融组织体系的发展过程及模式比较

一、中国农村金融组织体系的历史变迁

自中华人民共和国成立以来,农村金融组织体系在曲折中不断完善,最终形成了目前所见到的农村金融组织体系。具体来说,农村金融组织体系的发展历程大致可以分为以下几个阶段。

第一个阶段是农村金融组织体系的兴起阶段,从 1951 年到 1958 年。自土地改革结束之后,农民的生产积极性得到了很大的提高,但是受生产设施不足的限制,农村的社会生产力并没有得到迅速的发展。农民对生产资金的迫切需求给予民间金融机构以可乘之机,导致 1951 年前后农村高利贷盛行。为了打击高利贷活动,1951 年 5 月,中国人民银行召开了第一次全国农村金融工作会议,也由此拉开了农村金融组织体系的发展序幕。会议决定在广大农村地区成立银行机构——农村营业所来支持农村经济发展,同年 8 月,国务院批准成立专门负责农村金融的中国农业银行,但是由于中国农业银行自成立就只有一家总行,并没有在农村地区设置分支机构,因此中国农业银行并没有发挥其对农村经济的支持作用,在 1952 年,中国农业银行并入中国人民银行。1953 年农业合作化开始,使得农村信用合作社成为农村主要的金融机构,虽然说农村信用合作社存在一定的缺陷,但却解决了当时农村生产最为紧迫的资金问题。1955 年,为更好地知道农村经济发展以及农村信用合作

社工作，国务院批准再次成立中国农业银行并在各地县建立分支机构。由于业务划分不清，人员经费不足，1957 年中国农业银行再次并入中国人民银行，之后两年农村金融始终在以人民银行领导位置，农村信用合作社为辅。

第二个阶段是农村金融组织体系发展的停滞阶段，从 1958 年到 1978 年，1958 年人民公社开始成为农村主要的经济主体，为了迎合人民公社的发展，农村信用合作社与农村营业所进行合并，成为人民公社信用部，隶属于人民公社领导和管理。1963 年，中国农业银行再次建立并开始在全国范围内铺设分支机构。1958—1977 年，农村信用合作社两次被下放到人民公社和生产大队管理，又两次被纳入中国人民银行的管理范围。1977 年国家发布了《关于整顿和加强银行工作的几项规定》，指出"信用社的资金应纳入国家信贷计划，人员编制应纳入县集体劳动工资计划，职工待遇应与中国人民银行基本一致。"之后农村信用合作社方正式地成为农村基层金融机构。从 1958—1978 年，中国农村金融组织体系最大特点就是并不属于金融自发性的财产物，而是国家强制领导的金融组织体系变迁，虽然金融组织体系对农村经济的发展有着巨大意义，但是从农村金融组织体系本身来看，该阶段是完全处于停滞状态的，随着国家的政策而改变。

第三个阶段是金融组织体系的恢复阶段，从 1978—1993 年，1978 年 12 月，中共十一届三中全会通过的《中共中央关于加快农业发展若干问题的决定（草案）》明确提出："恢复中国农业银行，大力发展农村信贷事业。"这一决定标志着农村金融组织体系从之前的完全受政府管制转变为在政府的监管下自主发展。决定对于农村主要金融机构的任务进行了规定，如中国农业银行的基本任务是统一管理支农资金，集中办理弄弄个错信贷，领导农村信用合作社，发展农村金融事业。1982 年，国务院在《当前农村经济政策的若干问题》中对农村信用合作社的性质进行了明确，认为农村信用合作社属于合作性金融组织，具有独立开办信贷业务的权利，但是要受到银行的监督和领导。1986 年，根据国务院的指示，中国人民银行与邮电部联合成立了中国邮政储蓄银行，该阶段的邮政储蓄银行主要承担着从农村吸收存款然后将存款转存到中国人民银行的职责，并没有涉及其他金融业务。1988 年，中央政府逐渐放开对农村民间金融的限制，允许民间金融在不违背国家法律法规的情况下能够自由借贷。可以说，自 1978 年以来，中国农村金融组织体系的发展正是走向了正规，集中体现在农村金融组织机构的权限已经开始明确，金融市场具有独立发展的可能性。

第四个阶段是农村金融组织体系走上发展具有中国农村特色的金融制度的道路，从 1993 年至今，中国农村金融组织体系开始逐步完善，并结合中国农村经济的实际发展状况走上了一条具有自身特色的道路。1993 年 12 月，国务院在《关于金融体制改革的决定》中要求要通过改革来建立起归属于中国人民银行监管的多元化农村金融体系，这是中央第一次提出农村金融组织体系发展的多元化，开始从宏观层面上对农村金融组织体系进行指导。1994 年，国务院在《关于组建中国农业发展银行的通知》中决定来成立直属国务院的中国农业发展银行，这是中国第一家政策性银行，是为政府更好地推行农村经济政策服务的，中国农业发展银行在业务范围上与农村信用合作社、中国农业银行并不存在冲突，相反中国农业发展银行的出现弥补了两者政策性金融业务上的不足。1996 年，国务院在《关于农村金融体制改革的决定》中强调建立和完善以合作性为基础，商业性金融和政策性金融分工协作的农村金融体系。根据这一决定，中国农业发展银行开始铺设省级以下的分支机构，农村信用合作社也从中国农业银行的管理下独立出来，成为一家合作性金融机构，中国农业银行的"官办"性质逐步削弱，朝着商业化银行的方向转变。1997 年中央金融工作会议中做出了"各国有商业银行收缩县（及以下）机构，发展中小金融机构，支持地方经济发展的基本策略"，这一策略导致农村商业性金融机构出于自身收益的考虑开始逐步从农村撤离，农村成为中小型金融机构的繁育场所。但是商业性金融机构的撤离并不意味着这些金融机构不再从农村吸收存款，相反随着农村经济的不断发展，农村储蓄已经成为银行资金的主要来源渠道，因此商业性金融机构大多保留了县级分支机构，这些分支机构担当了"抽水机"的角色，将农村资金大幅度外抽，造成了农村金融供需不平衡现象。

为了促进农村金融创新，1999 年 7 月和 2000 年 1 月，中国人民银行分别颁布了《农村信用社小额信用贷款管理暂行办法》和《农村信用社农户联保贷款管理指导意见》，推动农村信用社开展小额信贷活动的试验。2001 年12 月中国人民银行又出台了《农村信用社农户小额信用贷款管理指导意见》，要求全面推行农户小额信贷，解决农户"贷款难"的问题。2002 年年初召开的中央农村工作会议要求农村信用社积极推行农户小额信用贷款和农户联保贷款方式。目前，全国绝大多数农村信用社都已开办农户小额信贷业务。

非正规金融机构在农村金融组织体系中扮演着十分重要的角色，但是自改革开放以来农村非正规金融体系发展并不是很理想。事实上，在 20 世纪 90年代农村非正规金融体系是非常活跃的，但是由于非正规金融体系缺少相应的监督管理，因此农村高利贷盛行，金融风险层出不穷，甚至出现了剧烈的冲突，这种情况导致国务院在 1998 年 7 月颁布了《非法金融机构和非法金融业务活动取缔办法》，要求"一刀切"地取缔农村非正规金融机构，因此自改革开放以来农村的非正规金融机构发展速度缓慢，直到近几年，中央方初步放开对非正规金融的限制，以小额信贷公司为代表的非正规金融有了初步的发展。

二、中国农村金融组织结构及功能

从整体来看，中国农村金融组织是从单一朝着多元化的方向发展的，从最初的中国人民银行单独负责农村金融业务到中国人民银行、中国农业银行、中国农业发展银行、农村信用社、邮政储蓄银行等正规金融机构负责农村金融业务，再到正规金融机构与非正规金融机构共同开发农村金融市场，中国农村金融组织体系越来越完善，功能也逐渐齐全。

（一）正规金融组织

自中华人民共和国成立以来，正规金融组织就是农村金融的主力军。所谓的正规金融组织指的就是受中央货币当局或者金融市场当局监管的金融组织，与非正规金融组织相比，正规金融组织的最大特点是政府能够直接对金融组织进行管制。近年来虽然经过商业化改革的正规金融组织逐渐地从农村撤离，但是这并不影响其在农村金融供给中的主力军地位。

具体来说，目前中国农村正规金融组织主要有以下几种。

1. 中国农业银行

中国农业银行成立的初衷就是为农村经济发展服务的，自 1963 年中国农业银行第四次成立以来，农业银行始终将"三农"问题作为主要的业务对象，在政府的支持下农业银行在全国范围内开设分支机构，截止到 1993 年，中国农业银行几乎覆盖了中国的所有乡镇，全国大多数农村金融需求问题都是通过农业银行解决的，农业银行对农村经济发展的重要性不言而喻。但是自 20 世纪 80 年代末期农业银行开始尝试商业化改革之后，由于农村投资收益有限且风险较高，因此农业银行开始逐步的从农村撤离，导致农村很多金融需求无法得到满足。

2. 中国农业发展银行

中国农业发展银行成立于 1994 年，成立的初衷是为国家推行的农村经济政策提供支持，同时解决农村金融因农业银行撤离所暴露出的一些问题。因此，中国农业发展银行虽然是中国唯一一家政策性银行，但是同样也具有商业性成分。自成立以来，农业发展银行就以国家政策为核心针对性的为农村提供贷款服务，同时兼营一些小额信贷业务，成为当时农村金融的主导力量。但是在 1994 年年底，由于农业发展银行成立的初衷与其实际经营范围不符，因此国务院决定将农业发展银行的一部分商业性业务并入农业银行中，农业发展银行主要负责粮棉油贷款业务，这导致农业发展银行在农村经济发展中所发挥的作用十分有限。

3. 中国农村信用合作社

中国农村信用社处于中国农村金融组织体系中最基层，它的覆盖范围远远超过其他金融机构，基本上覆盖了中国所有的农村地区。农村信用社的前身是农户自发组织的农村信用合作社，本质上属于合作性金融组织，这也是农村信用社与农业银行的最大不同。之后农村信用社几经波折，先是与人民公社、银行营业所合并，后又纳入中国农业银行的管辖范围。1996年农村信用社从农业银行中独立出来成为一家独立经营的金融机构，目前已经是中国农村最为重要的金融机构，担负着农村经济发展的重任。

4. 农村邮政储蓄

邮政储蓄银行自1986年恢复开办以来，经过三十年的发展，目前已经成为中国农村金融组织体系不可或缺的金融机构之一。据凤凰财经报道，截止到2016年年底，邮政储蓄银行的存款余额已经达到1.79万亿元，存款规模位居全国第4，持有邮政储蓄卡的客户已经有1.5亿。邮政储蓄银行主要以农村的存款业务为主，个人小额信贷业务为辅。一直以来，邮政储蓄银行都以其在农村金融中扮演着"抽水机"的角色受人指责，但随着农村外出务工人员数量的不断增加，邮政储蓄银行在农村金融中的重要地位也愈加凸显，据统计每年通过邮政储蓄银行从城市汇往农村的资金高达1.3万亿元，有力地支持了农村经济的发展。目前邮政储蓄银行虽然在农村开展的金融业务有限，但是它作为农村与城市资金流通连接点的重要地位是毋庸置疑的。

5. 农村保险

农业作为第三产业先天就存在着风险抵御能力弱的缺陷，自然风险与市场的变动都会对农业生产带来极大的损失，这也是商业性金融机构逐渐从农村撤离的根本原因。而开办农业保险则能够保证农业生产，降低农户的损失，促使商业性金融机构主动地开发农村金融市场。因此，从1982年起中国就恢复了农业保险，并将农业保险作为农村金融组织体系不可或缺的重要组成部分进行推进。但是与农业类似，农业保险也存在着赔付率高、回报率低的问题，因此农村农业保险发展并不理想，保险公司并不愿涉足农业保险领域。

（二）非（准）正规金融组织

凡是不受中央货币当局或者金融市场当局直接监管的金融机构都可以被

称为非正规金融组织。中国的非正规金融组织最早可以追溯到古代的当铺和地下钱庄，在相当长的一段时间内非正规金融组织承担着农村金融供给的重任。虽然较之正规金融组织，非正规金融组织存在利率高、管理混乱的问题，更是一度造成了农村高利贷盛行，但是在正规金融组织面对农村金融需求有心无力的情况下，非正规金融组织的重要作用是毋庸置疑的。目前中国农村的非正规金融组织主要有农村合作基金会、经济服务部、金融服务部、各种合会、私人钱庄等。

事实上，中国农村非正规金融组织的发展历程十分坎坷，在改革开放之前，由于中华人民共和国成立之前农村非正规金融组织人私人钱庄等造成老百姓家破人亡的事件层出不穷，因此政府加大了对非正规金融组织的管制力度，这个时候非正规金融组织仅仅涉足一些规模较小的金融业务。改革开放之后，随着农村经济的发展，正规金融组织稍显力不从心，对此政府放宽了对非正规金融组织的限制，导致非正规金融组织一度盛行，比较具有代表性的是农户自发组成的农村合作基金会。但是在20世纪90年代，部分非正规金融组织盲目提高利率或者携款潜逃，导致农村发生了多次金融风险，对此中国人民银行加大了对非正规金融组织的管制力度，采取"一刀切"的方法取缔一切非正规金融组织，包括村级基金会在内的整个农村合作基金会被彻底解散并进行了清算。非正规金融组织再次从地面转入地下，以私人钱庄、地下钱庄的方式存在于农村经济中。近年来，中央逐渐放宽了对非正规金融组织的限制，因此以小额信贷公司为代表的非正规金融组织又有了兴起的苗头。

第三节 农村金融组织体系的完善

一、农村金融组织体系是否完善的判断标准

（一）适应性

农村金融组织体系的适应性在理论方面的理解是：不论何种交易行为都只要在与之匹配的制度限制条件下才可以发生，也就是不同的交易形式，与之匹配的制度限制形式也应当不同。从这个层面来讲，评判农村金融组织体系是否完整，要先看看它是不是具备了相应的经济适应性，也可以说这样的金融组织体系是不是和特定的经济形态、交易形式以及市场结构相匹配，以便确保它可以在健康的状态下运行。

农村金融组织体系的适应性大致从以下三个方面体现出来：

1. 同经济发展能力以及阶段的适应程度

通过不同的经济发展水平及阶段来讲，会具有不同的分工、不同的交易方法以及不同的市场形式，制定出金融组织体系有不同的结构复杂性和特征。

2. 同经济运转机制的适应程度

不同的经济运转机制要求用不同的金融制度形式为基础。通过经济管理体制的计划，经济运转机制成为了计划机制，需要单一的计划金融制度结构与之相适应；而通过市场经济的环境下，经济运转机制成为了市场机制，一定会对当代金融制度的结构有所要求。

3. 同经济运转结构的适应程度

经济运转结构是经济运转过程里每个不同领域以及不同地域的商品经济发展的有机结合。在一个国家里，处在不同领域、不同区域的商品经济发展，都会有所差别。

（二）效率性

农村金融组织体系的效率性指的是通过指定的金融组织体系可以确保金融交易活动的低成本，顺利完成同储蓄向投资转变的程度。通过理论方面来讲，一个具有高效率的农村金融组织体系应当表现在它可以透过合理的组织安排以及业务策划，降低金融交易的费用，确保债权债务的关系同契约的进行，鼓励金融主体的努力程度以及创新的激情，进而最大化地调动起社会储蓄资金并且转化到高效益的投资范围里去。但是，一个低效率的农村金融组织体系的机构只可以增长金融交易的交易费用，抵制金融交易参与者的金融参与以及创新的激情，从而阻碍了储蓄资金迈向投资的合理转换。因此，金融组织体系的效率性就是指金融组织体系合理的把储蓄转化成投资，保障了资金通过盈利变成赤字的转换，一切参与者都可以透过竞争来运用不同的融资渠道进行转换资金。

（三）稳定性

农村金融组织体系的稳定性指的是金融组织体系在确保金融稳定平衡、协调有序运转的方面具备的能力。稳定性的理论依据是：需要在当前经济环境下，完全依据市场经济原则的金融市场体系在本质上具备的稳定性，金融组织具备的脆弱性。因此，农村金融组织体系需要对金融交易以及金融活动的有效性采取保护措施，确保不会由于单个的金融机构的破产而形成金融恐慌，从而造成对社会稳定、经济稳定的影响。因此，从整体上来看，农村金融组织体系的稳定性指的是在拥有一个完善的金融市场体系的基础上，金融组织机构具有非常强大的生存能力，货币当局一直都可以完全掌控货币，并且确保金融组织机构的稳定性。

二、农村金融组织体系完善的总体思路及建议

金融组织体系对于经济增长的重要性不言而喻，也正是意识到这一问题，自中华人民共和国成立以来，党中央和国务院就十分重视农村金融组织体系改革，虽然过程曲折，但是农村金融组织体系改革的基本思路是始终不变的。具体而言，党中央和国务院关于农村金融组织体系改革的总体思路如下。

（一）农村金融网点的广覆盖面

金融机构是金融组织体系的主体，是最主要的金融供给者，当前党中央关于农村金融机构改革的基本依据是从质量和数量的两个角度进行，其中质量指的是农村金融机构要在改革中逐渐朝着多元化的方向发展，最终实现金融机构的类型多样化，业务覆盖农村经济的各个方面；数量主要指的是经过改革农村金融机构的网点要能够覆盖所有农村，为农村经济需求提供即时服务。

（二）农村金融组织机构发展的可持续性

持续性发展是金融组织体系改革的一个基本要求，无法实现持续发展的金融组织体系是无法发挥其对经济增长的作用的。因此，中国农村金融组织体系改革的一个基本原则就是坚持可持续性原则，即不断降低农村金融组织机构的不良贷款率，提高农村金融组织机构的总利润，提高农村金融机构的资本充足率，进而实现农村金融组织持续、良性运转。

（三）重组和改革是发展的硬道理

不同时期的农村经济发展特点是有所区别的，因此一种农村金融组织体系是无法适应农村经济发展现状的，农村金融组织体系改革要坚持不断地结合农村的实际经济发展状况进行重组和改革。例如当前中国农村金融组织体系改革的重点就是建立明晰的产权制度和合理的法人治理结构，积极有效地进行商业运作。

（四）制度保障与政策支持是关键

与第二、第三产业相比，农业先天性就具有一定的劣势，因此农村经济发展需要国家金融政策的支持。这就决定了金融金融组织体系改革要将重点放在制度保障与政策支持上。例如，在准入门槛、存款准备金率以及税收政策等方面的优惠。加速推进利率市场化改革，为繁荣农村金融服务提供有力

的制度条件。同时，完善保险制度，构建农业再保险体系，使农业风险在全国范围内得到分散，加强农业保险的稳定性；可以借鉴国外的通行做法主要包含运用财税优惠政策、发展多层次农村金融机构、支持农业保险、创新风控办法；对县及县以下所有银行业金融机构实行普惠、无差别、无歧视的税收优惠政策，即"普惠"政策；在西部实行全部减免营业税，中部执行的营业税优惠，东部可不予减免的办法；政府投入利差补贴等。

（五）构建不同组织类型的协作体系

从之前以中国人民银行、中国农业银行等正规性金融机构主导农村金融到正规金融组织与非正规金融组织并存，中国农村金融组织体系改革历程表明构建不同的金融组织结构是改革的一个基本基调，这是由农村金融需求随着经济发展呈现出多样化、多层次的特点所决定的。正规金融组织固然在资本、业务等方面具有较大的优势，但是农村金融也存在一些正规金融组织无法满足的需求。因此，农村金融组织体系改革的一个基本基调就是应创造条件建立非正规金融和正规金融之间的金融联结，实践中可以放宽准入限制、吸纳民资到正规金融市场。二是促进不同规模金融机构的协作。引导大型金融机构支持农业龙头企业发展，为小型农村金融机构提供批量贷款，同时加强小额贷款公司和小型乡村银行的政策支持，将其作为连接大银行和农户的纽带，放宽小贷公司市场准入条件。大型商业银行与小型农村金融机构建立联系机制有批发贷款、代理分销、中间业务、综合业务四种具体模式。

综上所述，可以确定中国农村金融组织体系改革的总体目标是：以正规金融组织为主体，以非正规金融为辅助，以为农村经济发展提供制度保障和金融支持为重心，构建覆盖所有农村以及农村经济各个方面的金融组织体系。

第四节 农村经济发展中金融支持的对策

一、农村经济发展新趋势

改革开放以来，农村经济发展正发生着质的转变，传统农业正向现代化农业转变，一场新的农村经济革命正在悄然进行。

1.农村经济的构成正由比较单一的传统的种养业为主向生产、加工、流通、商业、服务、科技等多元化转变

随着农村经济的快速发展和市场经济的深入发展，农村地区农民和农民专业户等不再局限于简单的种植业和养殖业了，产业链条逐步延长，加工、

买卖、流通、服务、科技等产业迅速发展，在农村经济构成中占的比重越来越大，已成为农村经济发展繁荣不可或缺的部分。

2.农村经济规模正逐步由小向大扩张，由单一家庭为单位转为集约化连片经营

为适应市场经济竞争发展的需要，农村产品要立足市场必须占有市场的一定比例，基于此，农村经济规模化已成为一种必要的趋势和需要，农村"一县一业"、"一村一品"的集约化连片经营模式已显出明显的成效。这种集约化连片经营模式既能形成规模占领市场，又能节约生产成本方便管理，已成为当前农村经济的发展主流。

3.农村农业产业结构调整逐步走向纵深，农村经济呈现出多样化发展的趋势

近几年，随着党和国家对"三农"的重视以及连续多个中央1号文件的推出，农村农业产业结构的步伐逐步加快，产业结构调整深入推进，农村经济发展已呈现多样化趋势，种植业由以前的大粮种植，逐步出现了小杂粮、蔬菜、中药材、水果等种植；养殖业也由以前的养殖猪、牛、羊等，逐步出现了养鸡、鸭、鹅、大雁、兔、鱼、鳖等品种养殖；并且出现了农村服务业，如便民店、网络、电讯、水电煤气等；农民也由单纯的老百姓多出了农民工的身份，农村经济逐渐繁荣。

4.农村经济组织逐渐丰富，民营企业、个体工商户、农民专业合作社等经济体异彩纷呈

随着农村经济的逐渐"升温"，农村经济形势的逐渐"红火"，农村经济发展环境的逐渐"宽松"，农村的吸引力逐渐增强，农村民营企业数量逐渐增加，农村个体工商户及个体私营企业遍地开花，尤其是近几年随着《农民专业合作法》的颁布实施，农民专业合作社已逐渐成为农村经济组织体的重要组成部分，各种依托当地优质的生态环境和农业资源以为农业、养殖业、农副产品、药材等提供科技技术、加工、销售、流通等服务的农民专业合作社得到长足发展，极大地促进了农村经济的发展和农民增收，成为连接农村"小生产"和城市"大市场"的组织纽带。

5.新农村建设及推动城乡发展一体化战略的实施为农村经济发展提供了良好的机遇，成为促进农村经济发展的又一新生动力

以发展农村经济为中心的社会主义新农村建设开始以来，特别是党和国家把推动城乡发展一体化作为解决"三农"问题的根本途径以来，农村经济开始了又一个新的发展阶段，农业综合生产能力迈上新台阶，农村综合改革取得了重大进展，农民实现了多年的"快增收"，农村经济现代化建设踏上了

"快车道"。特别是农村大学生村官创业、农民工返乡创业、青年创业、退役军人创业等各种形式的创业进一步带动了农村经济的发展。

二、农村金融发展的现状

农村金融近几年在"深化农村金融体制改革"的推动下，也得到了较快发展，农村金融生态环境逐步优化。

1. 农村金融信贷支农力度增大，"三农"信贷资金需求得到了不同程度的满足

随着人民银行、银监会联合下发的《关于鼓励县域法人金融机构将新增存款一定比例用于当地贷款的考核办法（试行）》及政府财政对金融机构发放"三农"贷款资金补贴等政策的实施推行，农村金融机构发放"三农"贷款积极性空前高涨，农户小额信用贷款、农户联保贷款、惠农卡贷款、住房按揭贷款、商惠通贷款等信贷产品得到充分运用，"三农"贷款占贷款总额的比重逐渐增大，农民传统的种养业信贷需求和较小金额的流动资金需求都得到了满足。并且农村金融机构还联合政府妇联、社保、共青团、财政等有关部门推出了"绿色种植"、"妇女创业"、"村官创业"、"下岗再就业"、"青年创业"等金融信贷产品，不断满足农村居民不同层次、不同群体、多元化信贷需求。

2. 农村金融服务水平逐步提高，一些新型科技含量较高的服务产品逐步走入了农村走进了农村居民家庭

一是银行卡在农村得到了普及，银行卡以其携带方便存取快捷等优势得到了农村居民的"青睐"，尤其是 ATM 机、POS 机具的大量布放，再加上农民工特色卡、惠农卡、"助农取款服务点"及"支付结算村村通工程"的实施，农村居民可以足不出村享受到优质金融服务。二是随着网络、手机的普及应用，农村金融机构提供的网上银行、手机银行、电话银行等以网络为依托的现代服务手段，在农村也渐露端倪。三是农村金融机构尤其是合作金融机构适应农村居民需要推出了封闭式便民服务点、开放式便民服务点及巡回服务模式、"流动车服务"模式等，实行了上门跟踪服务，真正将服务送到农村送到田间地头。四是农村金融机构还针对农村经济组织推出了银行结算账户、银行汇票、支票、票据承兑贴现等服务，进一步满足农村经济组织的金融服务需求。

三、农村经济发展对农村金融提出的新要求

1. 信贷资金需求仍是新时期农村经济发展对农村金融提出的一个主要需求

虽然我国目前出现了一定的"金融脱媒"现象，但在农村，金融机构信

贷资金仍是农村居民及农村经济组织筹措资金的主渠道。新时期农村经济发展对农村金融信贷资金需求有了新的变化，主要表现为：一是信贷资金需求额度逐渐变大。农村经济要规模化集约化发展就需要较多的资金，需要较大的信贷资金支持，种植业所需资金一般在20万元—50万元左右，养殖业所需资金一般在30—60万元左右，商业所需资金一般在50万元左右，加工业所需资金更大至少在100万元左右，有一定发展基础的龙头企业，随着农业产业化链条的不断延伸，其经营领域的拓展和规模的扩大，对第二轮、第三轮中长期信贷资金需求更强，信贷需求金额更大。二是信贷资金需求期限逐渐变长。在现代农村经济发展中，农户所需求的信贷资金属于生产性资金，比如，种植经济林果、建造蔬菜大棚、鱼池、饲养奶牛等，这些资金从投入到全部收回一般在3年—5年，有的时间更长。对于农业产业链上的生产加工型等企业来说，其固定资产和基础设施建设投入更大，经营周期更长，需要投入的资金必然要求期限更长。三是信贷需求主体逐渐变宽。随着农村经济构成的复杂化及农村经济组织的发展，农村信贷资金需求主体也逐渐增多，农民、养殖专业户、个体工商户、农民专业合作社、农业生产链条上的加工运输企业、物流企业、服务企业及农村龙头企业等都成为农村金融的信贷需求主体。四是消费信贷需求逐渐增强。随着新农村建设及城乡一体化步伐的加快，农村居民住房按揭贷款、购车消费贷款、大宗物品消费贷款等消费信贷需求增强，消费信贷发展潜力较大。五是信贷服务体系需求逐渐变旺。由于农村信贷主体能够提供的符合农村金融要求标准的担保抵（质）押物较少，他们要获得较大的信贷资金，就需要有担保公司、信用评级公司、权证登记公司等与信贷需求配套的信贷服务体系，这样农村信贷服务体系需求也就逐渐增强。

2. 资金结算需求仍是新时期农村经济发展对农村金融提出的一个基本需求

虽然目前农村资金结算主要有大额支付系统、农信银支付系统及各金融机构内部往来系统，但仍不能完全满足新时期农村经济发展资金结算的需求。主要表现为：一是结算方式需求逐渐变多。现金、存折、银行卡等资金结算方式仅能满足农村居民简单的结算需求，但随着农村经济农业产业链条的延伸，参与农村经济发展的主体越来越多，他们对结算方式要求越来越多，票据（包括支票、银行汇票、银行本票、商业汇票）、ATM机、POS机、网上银行、手机银行等结算方式成为他们结算的主渠道。二是银行卡功能需求逐渐变宽。由于农村银行卡的普及，农村经济发展对银行卡的功能需求越来越高，除银行卡具有的现金存取、转账功能外，他们还要求针对农村居民、农民专业合作社、农村工商户、企业等发放具有融资功能的贷记卡，要求将政府有关惠农补贴资金也直接由银行卡结算，要求开发更适合"三农"需要的如农民工卡等特色服务功能等，这样对农村结算需求又是一个新的高标准的需求。

3. 资产保值增值需求是新时期农村经济发展对农村金融提出的一个新的需求

随着农村居民收入的增加，农村居民手头有了一定的闲置资金，资产保值增值需求逐渐强烈，主要表现为：一是对农业保险的需求。由于农业是弱质产业，农业产业风险比较大，亏损或返贫的可能性较大，农业保险能较好地解决这一问题，特别是分红保险等更能实现保值增值，因此农村居民对农业保险有了一定的需求，农村经济发展也迫切需要合适科学的农业保险提供保障。二是对金融理财的需求。农村居民投资渠道较少，也比较相信金融机构，金融理财又能为他们带来远比存款利息要高许多的收入，因此他们希望通过金融理财帮他们实现资产保值增值。三是对购买基金、股票、期货的需求。近几年随着股票、基金、期货等金融知识的普及，农村居民也有了要购买股票、基金、期货交易的需求。四是对购买国债的需求。国债以其由国家作为债务人比较保险稳定的优势深受农村居民的喜欢，这种比较稳妥的资产保值增值的投资渠道成为农村居民投资的首选。

4. 发行债券融资需求是新时期农村经济发展对农村金融提出的一个新的需求

由于银行信贷资金一般期限比较短，再加上受信贷政策及信贷条件的制约，农村经济组织在从银行申请贷款受限的情况下，逐渐有了发行企业债券直接从居民手中融资的需求，一些龙头企业甚至有了上市融资的需求。

5. 全面代理需求是新时期农村经济发展对农村金融提出的一个新的需求

目前农村居民在享受到金融机构提供的代缴水电费、代缴通讯费等代理业务服务后，感到了代理业务的贴心方便，对代理业务需求面逐渐扩大，呈现出扩大到与其生产生活息息相关的各种代理的趋势。

四、农村金融支持农村经济发展的对策研究

（一）健全机制，创新金融服务与业务

应结合当前农村经济在发展进程中的实际情况，认真了解和倾听农民们的生活工作需求，以及他们对于农村金融的真实看法，通过广泛征求各方意见和建议，逐步全面的了解和认识当地农村的经济发展现状，从而找到农村金融体系中存在的漏洞和缺陷，制定有针对性的解决对策和举措来加以弥补，从而健全和完善金融各项管理制度和运行机制，为农村经济所需的发展资金做好保障性工作，只有完善的金融机制体系，农民才能从正规渠道中获得发

展所急需的资金贷款，当然这也离不开当地政府的大力支持和政策倾斜。此外，各金融机构和各级政府应加大对农村金融系统的支持力度，调集资金和人力为农村输送经济发展所需要的一切资源，让农民放心用上农村金融的资金来搞发展、搞建设，不断提高农民的经济收入。但同时也要注重资金的具体流向，通过创新和优化金融服务体系以及业务处理机制，将宝贵的发展资金用到最急需的地方，鼓励当地农村发展新型产业项目，这一方面要提倡多元化、多样性的投资；另一方面，还要促进农村金融体系不断创新，建构以正规金融组织为主、非正规金融组织为辅的农村金融体系，根据实际情况加强农村金融存款保险制度的完善，促进农村金融改革，为农村经济稳定、农村金融风险共担提供保障。

（二）重点推进，优化农村金融市场环境

首先，农村金融机构要借助好精准扶贫战略的机遇，积极争取政府部门支持的同时，联合政府产业精准扶贫战略去开发设计产业扶贫金融业务，促进其形成以"间接融资 + 直接融资"为主的农村金融市场。要借助这些发展机遇，扶持农村地区大中型农业类企业，促进政府、农村信用社、商业银行、邮政储蓄银行以及私人金融机构共同发挥作用，必要时加强金融机构之间的联系与合作。农村金融应该重点支持和扶持有特色的、有政策支撑的现代农业发展，为开发农业主导产品提供有利的条件。其次，要正确对待农村非正规金融机构的兴起发展，政府部门要增强对这类金融机构的关注，从政策制度方面来规范非正规金融机构的业务发展。这就需要优化农村金融信用环境。立足于农村金融信用环境现状与问题，加强农村信用体系建设，促进农民、中小企业建立严格的农村信用评级制度，通过信用评级、信用制度来进一步规范和保障农村信用体系。要促进农村金融信用环境建设与新农村建设统一起来，在农村广泛开展信用宣传活动，培养和提高农民信用意识和风险意识。最后，必须想方设法消除农村资金流失和贷款难的问题，在简化农民贷款条件和程序的基础上，要通过制度保障来消除农民资金需求的一切不利因素。要促进农村金融产品有效供给，对农民进行广泛的金融知识宣传教育。

第九章 农村生产要素的合理组合与开发利用

第一节 农村生产要素合理组合的基本原理

一、农村生产要素合理组合的意义

生产要素合理组合是指依据科学测定和长期生产实践经验将相关生产要素间量的比例关系和质的内在联系科学合理化组合起来，实现少投入多产出、效益最大化的管理活动。实现农村生产要素合理组合有积极的意义。

（一）能够实现农村各种资源的充分利用

农村生产活动的进行，需要利用相应的各种资源，并进行组合。在这个过程中，必然要消耗资源、转化资源。对各种资源的消耗、转化，从经济管理的角度看，应该是以尽可能少的资源消耗、资源占用，取得尽可能多的劳动成果。而在一定技术经济条件下，各种资源的数量和质量都是一定的，即各种资源都有量的规定和质的规定，是相对不变的。怎样把有限的各种资源都利用起来，为农村经济建设服务就摆在了我们的面前。这就涉及到对农村各生产要素的组合要合理，只有农村生产要素组合合理了，才能实现农村各种资源的充分利用。

（二）能够对农村各种资源进行有效配置

农村各种资源包括劳动力、土地、科技、能源、信息和资金等，这些资源单独是无法实现产品生产的，只有把它们进行合理的组合，才能进行产品生产，生产出符合人类需要的产品来。而资源的组合是否合理，实质上是指各种资源配置是否有效。因此，农村生产要素合理组合就是要实现农村各种资源的有效配置，从而更好地利用农村各种资源，为农村经济建设服务。

（三）能够实现最佳的经济效益、生态效益和社会效益

衡量农村生产要素组合是否合理的重要标准是能否取得最佳的经济效益、生态效益和社会效益。同时，取得最佳的经济效益、生产态效益和社会效益是农村生产要素合理组合的最终目标。在农村经济系统的运行中，只有把各种资源充分利用，并使各种资源进行有效配置，才能实现农村生产要素的合理组合，从而取得最佳的经济效益、生态效益和社会效益。

二、农村生产要素合理组合的前提

生产要素组合的形式多种多样，但合理的组合是有条件的。

合理组合生产要素的前提有以下几方面：

（一）技术经济效果最优化

衡量生产要素合理组合的标准是技术经济效果的最优化。农村经济活动的进行，不管是农产品生产，还是工业生产或是服务活动，必须就生产什么样的产品、如何生产、生产多少等问题进行决策。决策就需要占有大量的信息。在社会主义市场经济条件下，主要信息包括市场供求信息、同一产品的竞争信息、产品技术进步信息、国际公认的产品技术标准和安全标准等。信息是重要的生产要素，为微观主体的生产经营决策提供依据。并在运用信息进行科学决策后，通过管理活动，把各生产要素由孤立静止状态变成组合运行状态，发挥其生产功能，生产出满足社会需要的产品。

任何一种产品的生产，其生产要素的组合方式和数量比例关系是很多的。不同的劳动者，不同数量和质量的机具设备，不同的原料、动力，不同的科技，不同的管理，不同的土地，等等，可以形成若干不同的组合方案。合理的方案必须首先是生产技术上可行的方案，即产品的使用价值能够据此生产出来。但仅此是不够的，因为生产技术上可行的方案可能有许多。因此，还应有经济衡量标准，即通过生产要素的合理组合，以尽可能少的要素投入取得最大的经济效益才是最好的方案。经济效益越好，说明生产要素组合越合理。总之，在生产技术可行的基础上经济效果最优化，是生产要素组合的技术经济衡量标准。

（二）有利于劳动者积极性和创造性的发挥

充分调动劳动者的积极性和创造性，是生产要素合理组合的重要前提。因为，先进的生产工具要靠人发明并靠人操作；信息要靠人去收集、分析、利用；管理活动要靠人来决策、执行。在生产力诸要素中，人是起决定作用

的因素。要使各生产要素的组合效果最优化，其前提是发挥劳动者的积极性、主动性和创造性。现代管理提出的"以人为中心"的管理理论，就是在充分认识劳动者在生产力诸要素中的主观能动作用而形成的一种管理理念。

调动劳动者的积极性和创造性是一个十分复杂的问题。在不同社会制度、在同一社会的不同阶段、在不同的具体工作环境，劳动者的积极性和创造性或被压抑、或被发挥，表现出较大的差异性。如何激励劳动者的劳动热情，调动劳动者的积极性已成为经济学家、社会学家、心理学家、厂长、经理等共同关注和研究的问题。

就农村农业劳动者而言，适合农村生产力水平的生产经营组织形式、是否尊重农民的生产主体地位和独立的经济利益、农村的方针政策、农产品价格水平、农民的收入水平等，都是影响农民从事农业生产积极性和创造性的因素。如果这些因素处理得好，农民的生产积极性和创造性就高，否则就低。

只有劳动者的积极性、主动性和创造性被充分调动了，生产要素的合理组合才能实现。生产要素合理组合主要依靠人的主观能动性和创新性。基于这样的认识，便可得出人是社会生产力的决定因素的结论。

（三）生产要素的合理流动

生产要素的合理流动是生产要素合理组合的必要前提。社会资源的有限性和对社会资源需求的无限性的矛盾，要求必须发挥资源的最大效益，实现这一要求的基本做法就是在全社会范围内使生产要素能合理流动，即一个经济系统所需的资源能够从其他系统流入，一个系统剩余的资源又能够流出，这样才能使社会资源在不同的物质生产部门做到合理配置、人尽其才、物尽其用。

生产要素的合理流动、优化配置，要靠一种机制按照自然规律、经济规律的要求自动地进行有效调节。用什么样的调节机制与一定时期的经济管理体制有关。计划经济体制下，国家采用行政手段，用计划的形式对无所不包的社会供求进行统一安排，据此配置各种生产要素。这种要素资源配置方式有缺陷：一是政府很难做到计划的科学合理；二是计划配置后很难再流动要素资源；三是造成要素资源的极大浪费。社会主义市场经济体制是充分运用市场机制对要素资源配置发挥基础性作用，国家调控主要解决市场失灵的要素资源配置问题。市场机制作用的发挥主要是运用市场机制中的价格机制、供求机制和竞争机制使生产要素从低效益部门、行业、单位流向经济效益高的部门、行业、单位；从市场供求过剩的长线产品流向市场短缺的短线产品。在价格竞争中，经济效益好的部门、行业、单位占有优势，要素资源就会流向这些部门、行业、单位，如土地使用权的拍卖，谁报价高谁就拥有土地的使用开发权。因此，生产要素的合理流动是实现资源优化配置的前提，而市场机制是调节生产要素合理流动的基础。

三、合理组合农村生产要素

农村生产要素的合理组合不外乎是生产要素与产品之间的组合、要素资源与要素资源之间的合理配比、产品与产品之间的组合、时间因素与生产要素之间的组合等。

（一）生产要素与产品的组合

1. 可控要素中的变动要素资源

参与生产过程的要素资源，有些是可以人为控制的。投入的方式、投入的时间、投入的数量可以视需要而定，这样的生产要素称为可控要素资源。如农业生产中的劳动力、种子、肥料、农药等。而气温、阳光、降水等目前人类无法控制的因素，就称为不可控要素资源。在生产中，人们对不可控要素资源的作用只能凭经验、凭知识从概率上把握其估计值，预测其影响范围，并尽量调节可控要素资源，使之与不可控要素资源协调起来，因势利导，扬长避短。在生产中，可控要素资源又有一个组合方式和量上的配比。可控要素资源的组合方式和量上的配比，取决于人们的生产技术和经验，技术和经验不同，组合方式也不同。若在技术一定的条件下，对部分生产要素的投入量、投入方式已基本固定的情况下，只需考察其他几种或一种生产要素变动对产量的影响，就可以得出期望的结论。在进行技术经济分析时，为了使问题研究简化，常将一些要素资源投入量人为控制在某一固定水平上，而将少数几种要素资源视为变量进行研究，这些要素资源就称为可控要素资源中的变动要素资源。

2. 变动要素资源投入报酬的变化规律

因为固定要素资源投入量是不变的，也就不存在其对产量的影响。这里只要研究变动要素资源投入量的变化对产量的影响，就可以确定变动要素资源与固定要素资源的合理配比，获得技术经济效果最优时的变化要素资源投入量。研究变动要素资源与产量之间的数量关系，寻找变动要素资源投入报酬的变动规律，往往使用一种动态分析的方法，即让变动要素资源的投入量从平面直角坐标原点或是某一定量开始，每增加一个单位变动要素资源看产量相应增加（或减少）多少，从中找出投入产出关系的规律性。这种分析方法叫做边际分析法。每增加一个单位变动要素资源而增加或减少的产量称为边际产量，也称为边际报酬。将变动要素资源依次追加下去，可依据边际产量的变化情况看到变动要素资源报酬的变化趋势。变动要素资源报酬有三种变化情况：一是边际产量不变，说明要素资源利用效率是固定的，不因投入量的改变而发生变化；二是边际产量递增，说明随着投入量的增加，要素资源效率提得越高；三是边际产量递减，即变动要素资源的不断投入反而引起产量出现递减。掌握变动要素资源的报酬规律，可以使我们以合理的变动要素资源投入获得最佳产品的产出量。

（二）要素资源的最小成本配合

1. 互补要素资源与互竞要素资源

若两种或多种要素资源必须以固定比例才能投入生产过程，则称它们是互补要素资源。如果独立地增加其中某一要素资源或不能按比例同时增加与之互补的要素资源，产量就不可能提高，甚至会出现减少。有些资源功能相近，可以互相替代，如畜牧养殖业中的饲料，可以是玉米，也可以是小麦，那玉米和小麦则称为互竞要素资源。对于互补要素资源必须准确地掌握它们的配合比例；对于互竞要素资源，就应进行费用、效益比较，选用那些价格低、效果好的要素资源。

2. 互竞要素资源最小成本配合

互竞要素资源是指一种产品生产，既可以使用甲要素资源，又可以使用乙要素资源，那甲、乙两种资源则称为互竞要素资源。功能相近的要素资源可以互相完全代替或部分代替。在互竞要素资源中，从要素资源的完全代替看，有些要素资源之间的代替比率是固定的；从要素资源不完全替代看，有些要素资源之间的代替率是变化的。在要素资源的选择上，主要依据其价格和使用的数量进行对比，选用成本低的要素资源。

（三）产品与产品组合

1. 产品与产品间的关系

产品间的关系大体上可分为四类：①联合产品。是指不能单独生产出来，而必须在生产其他产品的同时生产出来的产品，如牛肉和牛皮就是联合产品。②互补产品。是指在要素资源数量既定时，增加甲产品的产量，而乙产品的数量仍保持不变，这两种产品即为互补产品，如利用竹林种植蘑菇，并不影响竹生长。③互助产品。是指以定量要素资源分别生产两种产品时，增加某一产品产量，另一产品产量同时也增加，这样的产品称为互助产品。④互竞产品。是指要素资源量一定时，增加甲产品的生产量，就必须要减少乙产品的生产量，则甲、乙两种产品称为互竞产品。研究产品与产品的组合，重点是研究互竞产品使用要素资源合理配比。

2. 互竞产品的要素资源分配

在要素资源供应不足时，如何将定量要素资源分配于互竞产品，可通过边际收益均等原理的推导得出：在若将某项资源从甲种产品生产部门转到乙种产品生产部门时，只有当乙种产品生产部门边际收益高于甲种产品生产部门的边际收益时，这样的转移才有经济意义。

第二节 农村土地资源的利用和保护

一、土地在农村生产中的作用及其特点

土地是由土壤、岩石、气候、水文、植被等因素所组成的自然综合体。土地是一种不依赖人们主观意志而客观存在的自然物质，是人类生产和生活所必须的物质条件和自然基础，是最重要的自然资源之一。土地之所以重要，是因为没有它，人们就不能进行任何生产活动。

（一）土地在农村生产中的作用

一般来说，工商业经济活动只是以土地作为劳动和交易场所。而在农业生产中，土地具有特殊的重要意义和作用，这是因为，土地是农业生产中基本的不可替代的生产资料，它直接进入农业生产过程，对农业生产产生影响并发挥巨大的作用。

（1）植物性农产品的生产是农业的基础性生产，它们的生长发育对土地有强烈的和直接的依赖性。农作物的生长发育，首先依靠土地作为支撑。它们要通过吸收土地中的养分、水分等来满足生长发育的需要。而土地作为凝聚了多种自然力的综合体，以其自然肥力和人工肥力、物理化学性质、生物学性质以及水文气候条件等多种因素，在农业生产中直接发挥巨大作用。土地状况的优劣、土壤肥力的高低，直接影响植物性农产品产量和质量的高低。在工商业中，一般来说，土地并不直接进入生产过程而对生产活动结果产生影响。

（2）在一定的技术经济条件下，农业生产的规模决定于土地面积的大小。作为农业生产对象的农业生物要依靠大面积的土地，利用太阳光能和其他营养物质实现物质和能量的转化，由此人们才能获得丰富的农产品。因而，农业生产与其他生产相比，就需要占用更多的土地。并且，在一定历史时期、一定技术经济条件下，土地面积的大小制约着农业生产规模。

（3）土地是农业生产中人类行为干预和控制农业生物生命活动的中介。农业生产离不开人的行为和外部能量与物质的输入，如施肥、除草、耕作等。而这些一般来说都是通过土地作为中介来进行并传导给农作物的。土地的这种作用，其他生产部门是没有的。

（二）土地的特点

土地在农村生产中具有特殊的重要作用。由于土地的这种作用，我们在考虑土地的合理利用时，必须要清楚并把握土地的特点。土地的特点直接影响和制约着人类对土地的利用。

1. 土地是自然历史过程的产物，而不是劳动的产物

土地的面积是有限的。土地以外的所有其他生产资料，都是人们劳动的结果。而土地则是自然的产物，是大自然的历程变化形成的。人们的劳动可以影响土地的使用状况，并促进土地质量的提高，如把荒山、河滩等改良成田，通过合理耕作提高土壤肥力等。但人们不能像制造机器那样制造土地，就整个地球和一定国家、地区而言，土地面积是一定的。因此，土地作为一种生产资料的总供给量是一定的。同时，土地面积的有限性还表现为：在一定的自然、经济条件下，各类农业用地如耕地、林地、水面等都有特定的界限。

土地的这种特点揭示出：在农业生产中，土地不但是基本的，不可替代的生产资料，而且是一种特别珍贵的数量有限的生产资料，是农业生产的硬约束条件。因此，在农业生产中对土地的利用上，我们必须要珍惜土地、保护土地、充分合理地利用土地。一方面要尽可能地把各类土地都利用好，提高土地利用率；另一方面，要尽可能提高土地集约经营水平，充分发挥土地的生产力，提高土地生产率。

2. 土地是永久性生产资料，是一种可更新的自然资源，在合理利用的前提下，随着生产力的发展，土地的质量和生产能力可以不断提高

土地以外的其他生产资料或一次性地消耗于农业生产过程中，如肥料、农药等；或逐渐地消耗于农业生产过程中，如机器、设备等。而土地则由于在本身的形成过程和人们使用过程中形成的经济肥力，使得土地在合理使用的前提下，不仅不会像其他生产资料那样被磨损、报废。相反，随着社会生产力的发展，土地的各种理化性质还会得到优化。使土地越用越好，越种越肥，以其旺盛的生产能力为人类永续利用。

土地的这一特点说明，在农业生产中，随着生产力的发展和科学技术的进步，通过物化劳动和活劳动的投入，可以不断提高农业生产水平和土地生

产力。与此同时，在农业生产中一定要注意对土地的合理利用，保护土地资源的更新恢复能力。这就需要实行用地与养地相结合，并建立起良性循环的农业生态系统。

3. 土地的地理位置是固定的，不能移动

土地以外的其他所有生产资料，都可以根据经济需要进行空间位置的移动。而土地则不能，不同的地区有不同的土地类型和分布状况。这是长期的自然历史过程形成的，是无法将土地进行空间位置的移动的。

土地的这一特点说明，在一定地域内进行农业生产活动，总是与特定的土地状况以及自然条件和经济条件相联系的。要充分合理地利用土地资源，发挥土地的生产能力，就必须按照因地制宜的基本原则，建立合理的农业生产结构，搞好农业生产的合理布局。此外，由于土地位置的固定性，使得人们对土地投资如土壤改良、修水利工程等，必须考虑土地位置的这种自然独占性。因为投资一旦与土地结合，就难以分离，而成为附着于土地的固定资产。这就要求对土地的投资要十分慎重并注意科学性，全面规划，讲求投资的经济效果。

此外，土地还具有社会特点。这就是：土地的占有情况，是生产关系的重要内容和集中体现。不同的土地占有状况，必然会反映不同的生产关系状况和社会经济制度。

二、土地资源的管理

（一）土地资源管理应遵循的原则

1. 依法管理原则

社会主义市场经济是法制经济，因此法律是农村经济管理的重要依据。依法管理土地是土地管理的基本原则之一。《宪法》和《土地管理法》等法规规定：矿藏、水流、森林、山岭、草原、荒地、滩涂、城市土地属于国家所有；农村和郊区的土地除法律规定属于国家所有外，其余均属于集体所有；宅基地和自留地、自留山也属于集体所有。同时还规定，国有土地和集体土地的使用权可以依法转让，要保护耕地、土质土壤保护和防止水土流失，严格控制非农占用耕地，鼓励土地的开发性生产，等等。这些法规是农村土地管理中必须遵守的、最基本的原则之一。

2. 统一规划、合理开发和综合利用原则

土地是一种十分重要的珍贵的自然资源。在对土地资源进行开发利用时，一方面耕地面积会增加，另一方面又会涉及到林地、湿地、水土保持、环境和生态等多方面的合理性和协调性。在这种情况下，就需要从全局着眼，制定统一规划，合理地开发和综合利用。相反，如果只顾一点，不顾其他；只顾当前，不顾长远；顾此失彼，因小失大，则会后患无穷，贻害子孙。

3. 充分利用土地资源与保护自然生态平衡相结合

充分合理利用农村土地资源，是发展农业和农村经济的需要。对土地资源的开发利用必须遵循自然规律，否则将导致不良后果。如过度垦殖，则会造成林地和其他土地形式的减少，造成水土流失、沙化，陆地湿地减少，气候恶化，灾害频繁等。使生态平衡遭到破坏、土地以及其他资源退化和枯竭，从而给农业生产的可持续发展带来危害。又如，化肥和农药的使用不当会使土壤肥力退化、有害物超标，影响环境等。因此，不能只讲土地利用，而不顾自然生态平衡；不能只顾眼前，而不顾长远，只有把二者很好地结合起来，才能使农业和农村经济可持续发展。

4. "开源节流" 原则

土地是一种可循环再生的物质，但是其循环再生的时间很长。有时农业用地遭到破坏后，如沙化、碱化等，恢复起来需要付出很高的代价。因此，在土地资源的利用中，一方面要合理地扩大用地面积，提高土地的利用率；另一方面要节约用地，防止耕地流失。

（二）农村土地资源合理开发利用

1. 扩大与节约农业用地

我国土地资源丰富，但人均土地、人均耕地面积不多。在土地资源的总量中，尚未纳入农业生产的土地还很多。为了提高农业用地面积和人均耕地面积，发展农业和农村经济，需尽力扩大农业用地，把可利用的土地资源都因地制宜地充分利用起来。

（1）开垦荒地

合理地、有计划地开垦荒地，变宜垦地为耕地和其他农用地，提高土地的垦殖率。开垦荒地首先要对荒地资源进行考察和研究，然后才能准确确定利用方向和开发利用方案，并进行全面的综合论证，在确定可行之后再实施。新垦区的建设，要因地制宜地做到农、林、牧、渔业合理布局，山、水、田、林、路、林综合规划，保护水土、森林、草原以及水产等自然资源，以期经济效益的最大化。

扩大农业用地，并不只是把荒地变成耕地。它还包括把荒地发展成为各种各样的其他农业用地。诸如利用荒地造林，把荒地加以利用改良成天然牧场和人工牧场，把可利用的水面变成渔业和各种养殖业的用地，把丘陵山区变成各种农牧业的生产原料基地，等等。总之，不应把开荒种地看成是充分利用土地资源的唯一途径。

在扩大农业用地的同时还必须十分重视保护土地，防止水土流失。为了防止水土流失，必要时还需要退耕还林。这是从大局出发，虽然耕地减少一些，但对生态环境的平衡有利。所以退耕还林地区，要以大局为重，积极支持退耕还林的实施。

（2）改进沙漠

在扩大农业用地和保护土地资源的任务中，改造沙漠占有重要地位。当前，在西北和内蒙六省（区）沙漠面积仍较大，有的地方还在扩大，严重地影响着周边地区的农业生产和人民生活。改造沙漠是一项综合性任务，工作量大、时间长，必须全面计划、综合治理、因地制宜、因害设防，做到普遍治理与重点治理相结合、改造沙漠与利用沙漠相结合、工程措施与生物措施相结合、小片沙漠依靠群众改造与大面积沙漠实行国家和群众共同治理和改造相结合。

（3）节约用地

随着社会主义建设事业的发展，国家基本建设、小城镇建设、农业基本建设和人民生活住房需要占用一部分土地，这是必要的。但是，如果任意扩大基建用地，浪费耕地，必将会加重人多地少的矛盾。因此，在使用建设用地时，一定要按照规定，保护耕地，严格控制非农用地，做到依法审批、依法用地、节约用地。

2. 适度规模经营

生产规模的大小对经济效益有较大的影响。所谓规模经济，是指因生产规模变动而引起的报酬（或产量）的变动，是指所有生产要素资源按同方向变动（增加或减少）对产量变动的影响。在生产技术水平不变的条件下，当所有的生产要素资源的投入量都同比例增加时，要素资源投入量增加与产出量增加之间有三种情况存在：①规模报酬不变；②规模报酬递增；③规模报酬递减。一般来讲，在一定的科技条件下，生产规模的扩大，最初往往是规模报酬递增，当规模扩大到一定程度，就会出现规模报酬不变现象，如果规模再扩大甚至超过一定限度，则会出现规模报酬递减现象。无论什么生产，在一定的生产技术条件下，都有一个适度规模区域，在这个适度区域内，可以获得好的经济效益。对农业生产来讲，适度规模经营可取得较好的农业经济效益。

3. 流转土地使用权

在家庭联产承包经营制的完善过程中，出现了一种新的土地流动形式。在土地的所有权不变、土地的承包权不变的前提下，只能进行土地使用权的让渡。这种形式我们称之为土地使用权流转。流转土地使用权推进了农业土地规模化进程，提高了土地的利用率和土地的生产率，促进了农民增收，实现了农业投资主体多元化，加快了农村剩余劳动力转移。因此，土地使用权流转是充分合理利用农村土地资源的有效办法之一。

土地使用权流转要按照法规坚持自愿、有偿、规范、依法的原则进行。同时应充分发挥村级集体经济组织在土地流转中的作用，建立健全土地流转的申报、登记、签证、调解、仲裁制度；建立土地流转风险金制度等，引导、促进、保证农村土地使用权的有序、合理、健康流转。

4.确保农村基本建设，改善农业生产条件

农村基本建设包括山、水、林、田、路的治理，草场、商舍、饲料加工厂、屠宰场、仓库、晒场、道路、沼气池、农村居民住所等各项建设。

在农村基本建设中，兴修水利设施具有特殊重要意义。由于气候、地形等自然条件的不同，因此，旱涝灾害成为我国主要的自然灾害。这就造成了许多耕地产量不稳、水土流失严重等后果。此外，为了充分利用水资源，还必须重视水利建设。在进行农村基本建设时，应注意按照自然规律和经济规律办事，力图取得较好的经济效果，又不破坏生态平衡。

第三节 农村劳动力资源的合理利用

一、农村劳动力资源的含义

劳动力或劳动能力，是指人的身体中存在的、每当人生产某种使用价值时就运用的体力和智力的总和。

农村劳动力资源简称劳动资源，是指农村中有劳动能力、可以从事农村生产劳动的那一部分人口的总称。

农村劳动力资源的内涵，有数量和质量两个方面。所以，其大小不仅取决于其数量，更取决于其质量的高低。在数量一定的情况下，劳动力平均质量越高，劳动力资源的总体劳动能力就越大。

农村劳动力资源的外延，有现实的劳动力资源和潜在的劳动力资源之分。所谓现实的劳动力资源，是指处于劳动年龄以内并已在从事农村生产劳动的这一部分人口。它是农村劳动力资源的主体。所谓潜在的劳动力资源，是指处于劳动年龄，但因各种原因而未参加农村生产劳动的那一部分人口，如在校学生，从事纯家务劳动（非农村生产劳动）的妇女等。在农村总人口中，还有一部分虽然处于劳动年龄，但由于残疾、精神病等原因而丧失了劳动能力，这类人口就既不是现实劳动力资源，也不是潜在劳动力资源。

二、农村劳动力资源的特点

农村劳动力资源和农村自然资源都是农村社会再生产必不可少的物质前提，就自然属性而言，二者是客观世界的物质实体。但是作为劳动力资源构成要素的具体的人，是有生命、有感情、有创造力的一种复合体。它既是自然的产物，又是社会的产物。

因此农村劳动力资源又具有与自然资源不同的特点。

（1）能动性

在社会再生产过程中，自然资源只是作为被开发的对象和客体，被动地进入生产过程的。而劳动力资源不仅是开发的对象和客体，而且还是开发的动力和主体。所以开发农村劳动力资源，既要依靠社会来进行，又要依靠劳动者的主观能动性，使社会开发和自我开发相结合。

（2）时效性

劳动力资源与自然资源的存在方式有明显的区别。自然资源以客观世界的物质实体形式存在，在其未被利用或利用不充分时，一般仍以这种或那种物质形态存在于自然界；而劳动力资源则是以自身的再生产作为存在方式，它的存在有一个生命周期，其开发和利用要受这个生命周期限制。如果在劳动力资源的生命周期中，不及时、有效地开发和利用，它的效用就会降低甚至消失。对劳动力来说，时间就是资源。

（3）社会性

自然资源的发展变化，主要受自然规律的制约，而农村劳动力资源的发展变化，是农村人口自身再生产发展变化的直接结果，受农村人口的增殖条件和生存条件制约。农村劳动力资源的数量取决于农村人口自身再生产是否有计划地进行和农村社会生产方式的制约作用，其质量则取决于农村社会生活条件所决定的劳动者的自然素质和人类文明的历史结晶及其通过教育在劳动者身上的"物化"程度，并为社会经济制度所制约。因此，农村劳动力资源的发展变化具有明显的社会历史性，社会生产方式的变动，对劳动力资源的状况有着重要的影响。

三、合理开发和利用农村劳动力资源

（一）合理开发和利用农村劳动力资源的意义

农村劳动力资源的开发和利用，就是指通过各种切实有效的手段，提高农村劳动力资源的质量，调动劳动者的积极性，改变劳动力的结构，改善劳动力的组织管理，做到人尽其才，以便使劳动者与生产资料的结合处于最佳状态，从而取得最优的经济效益。

在当前全面建设小康社会的进程中，合理开发和利用农村劳动力资源具有十分重要的意义。第一，合理开发和利用农村劳动力资源，有利于充分发挥我国农村劳动力资源数量多的优势。第二，合理地、科学地开发和利用好农村劳动力资源，有利于提高劳动生产率，加快农村地区全面建设小康社会，实现现代化建设的目标。第三，农村劳动力资源的合理开发和利用，有利于充分调动广大农村地区人们的积极性，从根本上增强农村经济的活力。第四，合理开发和利用农村劳动力资源，有利于提高农村物质、资金、信息等各种资源的使用效果。

（二）开发和利用农村劳动力资源的途径

1. 农村劳动力的再生产与农村经济、社会发展要统筹安排

马克思主义认为，历史发展的决定因素，包括两个基本方面：物质资料的生产和人类自身的生产。这"两种生产"相互依存、相互渗透、相互制约。人既是物质资料的生产者，又是物质资料的消费者，人类自身的生产过程，同时也是物质资料的消费过程。因此，物质资料的生产和人类自身的生产之间必须保持一定的比例关系，才能相互协调发展。这种比例关系主要表现在以下几个方面：①消费资料的增长速度应大大超过人口增长的速度；②人口构成与消费资料的构成应相互适应；③生产资料增长的速度应超过劳动人口总量增长的速度；④劳动人口的文化技术水平必须与物质生产的技术构成以及发展要求相适应。要实现农村地区这两种生产的协调发展，就需要统筹安排农村劳动力的再生产与经济、社会的协调发展。也就是说，一方面要发展生产，发展经济，另一方面也是最根本的，必须坚持贯彻执行好计划生育的基本国策，严格控制人口增长，实行优生优育。提倡科学的生活方式，改进膳食结构，促进农村劳动者的身体素质的提高。

2. 发展教育事业是开发农村劳动力资源的根本途径

马克思指出，随着大工业的继续发展，社会财富的创造越来越决定于一般的科学水平和技术进步程度，取决于科学在生产上的应用。"科学技术是第一生产力"。如果说人是生产力中最重要的要素，那么，人的智力应是劳动力资源中最重要的要素。随着经济的发展和社会的进步，人的智力状况、文化水平、技术水平和熟练程度，对现代生产的发展和对生产力的组织与管理都具有越来越重要的决定性意义。因此，应当把农村劳动力资源开发的重点放在智力开发上。智力开发，就是提高劳动者的科学、文化素质。这主要是通

过后天的各个阶段的各种形式的教育实现的，发展教育事业是开发农村劳动力资源的主要方式和根本途径。为此，需要从以下几个方面做好工作：

（1）落实科教兴国战略，把教育作为农村发展的战略措施，充分重视教育在经济增长中的作用。随着经济的发展，逐渐增加对教育的投入，提高教育经费在国民收入中的比重。

（2）加强青少年科技文化教育，提高未来农村劳动者的基础素质。当前应注重"普九"，特别是巩固"普九"工作，实施素质教育，提高青少年的创新意识和创新能力。

（3）大力开展农业劳动者职业教育和科普教育，提高农业劳动者的科学文化素质和技能水平。考虑我国农村地区发展的特点和农业就业人群的分化趋势，重点是：西部地区、少数民族地区、贫困地区人群，农村党员和乡村级干部及其后备干部，乡镇企业厂（场）长、经理及其后备管理人员、农业科技人员和后备技术人群，农村劳动妇女及在校青少年学生，农村种植专业大户，农业劳动力向非农领域转移的人群等为基本对象，满足他们对提高自身生产和经营基本素质的要求。

（4）建立农村学习型组织。提倡终身学习、全员学习、全过程学习和团体学习的思想，造成一种终身学习的环境和气氛，保证农村劳动者素质不断得到提高。

3. 建立合理的农村劳动力结构，提高农村劳动生产率

农村劳动力结构包括供给结构与需求结构。供给结构是指劳动力资源中各种劳动力数量的比例；需求结构是指社会再生产各部门所需要的各种劳动力数量比例。建立合理的农村劳动力结构就是要使劳动力供给结构适应需求结构。两者相适应，可以提高劳动生产率，加速经济发展。两者不相适应，一方面社会再生产部门对劳动力的需求得不到满足，影响其发展；另一方面一部分劳动力因不能满足需求而无法就业。

建立合理的农村劳动力结构，一方面要搞好劳动力需求预测，根据需求培养合格的劳动者；另一方面要搞好技术知识培训，使劳动者的知识、技术适应要求。

第四节 农村资金的筹集与运用

一、农村资金的概念

资金（或称资本）是经济范畴，是用来进行生产经营活动以增加社会财

富的价值。农村资金是在农村地域内各行各业用以从事农村生产经营活动以增加农村财富的价值。

二、农村资金运动的特点

资金运动就是指资金从一种形态依次转化为另一种形态，最后又返回原来形态的过程。这个运动过程历经储备阶段、生产阶段和销售阶段，资金便相应地表现为生产资金、产品资金和货币资金三种形态。这三种形态具有时间上的继起性和空间上的并存性。

由于农村经济的特殊性，使农村资金运动具有以下特点：

（1）农村资金运动的季节性

由于农业生产具有强烈的季节性，因而从生产资料的供应到货币的回收均具有明显的季节性，大量资金先支后收，淡旺分明。农业资金的循环和周转，首先储备阶段的储备资金形态，根据生产季节性要求转变为生产阶段的生产资金形态，然后，再由生产资金形态转变为产品资金形态，而产品出售后又转化为货币资金形态。农业资金形态的转换具有明显的间隙性和阶段性，不像工业资金那样表现出时间上的连续性和空间上的并存性，因而造成储备阶段资金需要量大，资金短缺，而在销售阶段，货币回收相对集中，出现资金暂时剩余。

（2）农业资金的自给性大

农产品自产自用比例大，农业资金具有较强的自给性。与工业资金不同，作为生产资料的农产品是直接从生产阶段进入储备阶段，因而农用生产资料有很大部分储备时间很长，加之农业生产周期长，导致资金周转时间长、周转速度慢、占用资金多。随着农村社会生产力水平的提高和农村市场经济的发展，农产品自产自用的比例将会逐步缩小。

（3）农户的各种资金融为一体

农户家庭既是相对独立的生产经营单位，又是基本的生活消费单位，因而生产资金和消费资金没有明显区别，两者混合使用，常常根据市场变化和生产经营状况确定使用方向。当经营有利时，有可能将消费资金转化为生产资金；反之，则有可能将生产资金转为消费资金。因此，正确引导农民处理好积累与消费的关系，是合理使用资金的一个重要问题。

（4）资金运动范围大、规模小且分散

由于农村中非农产业的兴起和小城镇的发展，拓宽了农村资金运动的领域和范围。另一方面，资金由过去集中在集体经济转变为大部分分散在广大农户手中，导致资金运动规模狭小和使用零星分散。这在一定程度上，不利于进行较大规模的生产建设。

（5）农村资金分布不平衡

由于各地区经济发展不平衡、农村的富裕程度不平衡，加上资金的趋利性流动增强，资金在地区之间、产业之间分布不平衡。表现为发达地区资金投入多，贫困地区投入少；非农产业投入多，农业产业投入少。如何引导农村资金在地区之间、乡村之间、产业之间合理流动，是合理利用资金应该注意的问题。

三、农村资金管理

农村资金是农村重要的生产要素，是农村经济活动开展的财力基础。农村经济活动的运行过程，也是农村资金价值运动的过程。农村经济活动的成果，也用资金的价值进行综合计量。加强农村资金管理，就是对农村经济活动所需资金的筹集、使用和生产经营活动收入资金的分配等方面进行的管理。

（一）农村资金筹集的管理

农村各产业经济活动的进行，必须以一定必要量的资金作保证。农业生产活动需要资金购买种子、化肥、农药、薄膜和农机具等劳动资料和劳动对象。二、三产业的经济活动需要资金修建厂房（或门面），购买机器设备、原料、燃料、动力和商品等。

农村经济活动所需资金的筹集有以下几个来源渠道：

（1）生产经营活动所取得收入中的补偿资金与积累资金

补偿资金是经济活动中物化劳动耗费的转移价值，是社会简单再生产得以进行的资金保证。积累资金是劳动者为社会创造价值经过分配留给企业和农户的部分，这部分资金中的一部分用于改善职工和农民生活条件，一部分用于扩大再生产，是微观经济主体扩大再生产的重要资金来源。对微观经济主体自有资金的管理，主要是按照有关规定引导其处理好生产消费与生活消费的比例关系、简单再生产与扩大再生产的关系、内涵扩大再生产与外延扩大再生产的关系。

（2）财政支农资金

是国家财政和地方政府财政为了支持农业、农村经济发展，从年度财政预算中投入农业的资金。主要用于改善农业生产的基础设施条件和农业技术推广等，如兴修水利、修建农村道路、开展农业科研和农业实用技术推广、改善农业生态环境的退耕还林、还草补助等。对财政支农资金的管理主要是做到专款专用，严禁挪用，精打细算，发挥财政支农资金更大的效益。

（3）借入资金

农村资金短缺，严重地制约了农业、农村经济的发展。有了好的发展项目没有启动资金，项目实施难以实现。农村信用社是农村资金融通的主要机构和渠道。信用社要根据农村经济发展规划，合理安排信贷资金投放，帮助农民因地制宜发展生产，为农业、农村经济发展提供资金支持。农村信用社吸收的各种存款，主要来自于农村企业和农户家庭，其信贷资金也应流向农村，服务于农村经济的发展。各地农村信用社创造了一些好的支农信贷方式，如向农户家庭发放小额贷款，根据农户还贷信用程度，对农户信用程度高的勿需财产抵押随时发放信用贷款，降低了农民贷款的门槛，有力地支持了农村经济的发展。但也有一个值得注意的问题，农村信用社贷款流向城镇、流向非农产业的问题也较为突出。因此，改革农村金融体制，真正体现信用社是农民自己的信用社，农村信用社的业务始终是为农村经济发展提供信贷资金的。

（4）引入资金

引入资金是指从农村地区之外包括从国外引入农村经济发展的资金。改革开放为农村引入资金打破了城乡隔离、国界隔离的壁垒。农村产业结构调整和推进农业产业化与小城镇建设为引入资金增添了项目，特别是发展生态农业，发展二、三产业以及土地流转制度为投资者提供了发展机遇。只要投资软硬环境好，引入资金或投资项目将成为农村经济发展的重要资金来源。

（5）民间资金

随着农村经济的不断发展，农民收入水平逐步提高，除了日常生产、生活消费还有一定的积蓄，农民外出务工汇回款，私营业主的资金等构成了农村民间资金。只要引导得当，这些资金也会成为农村的重要资金来源。

资金筹集的管理，这里强调一下对借入资金和引进资金的管理。对此，要选择那些条件优惠、贷款期长、利率低的信贷资金；对引入资金可采取合资经营或让投资者独资经营，以减少投资风险。

（二）农村资金的使用管理

农村资金短缺与发展农村经济需要资金量大的矛盾，决定了必须加强资金管理，使有限的资金发挥尽可能大的效应。加强农村资金使用管理必须做好以下几方面的工作：

（1）引导农民用好自有资金

农民是农业生产的投资主体，农业生产的持续稳定发展有赖于农民将更可能多的自有资金投入到农业生产中去。农民自有资金的分散性和使用的自主性，很难有一个统一管理的办法，主要是对其资金的使用进行合理引导。

这就需要引导农民进行合理消费，除了家庭日常生活消费、子女入学、就医、建房等开支外，不要将钱过多地花在祝寿、婚丧嫁娶等请客送礼方面，以保证农业生产的基本投入和用于扩大再生产。

（2）加强乡镇企业的核算管理

乡镇企业是一个独立的经济实体，自主经营、独立核算、自我约束、自我发展。乡镇企业管理的一个重要内容就是财务管理，通过经济核算工作，增强企业理财能力，减少不必要的资金占用，努力降低生产成本，增加企业盈利。在对外经济活动中，加强债权债务的结算工作，维护财经纪律。

（3）管好用好财政支农资金

国家财政和地方政府对农业的投入，一般都有特定的项目用途，主要是改善农业生产的基础设施条件、修建乡村公路、农业科研和农业实用技术推广、农业生态建设、救灾等。一定要对财政专项资金专款专用，加强资金使用中的监管和审计工作，项目竣工验收结算工作。

（4）强化农村信贷资金的管理

主要是做好放贷、贷款使用和到期还贷等几个环节的工作。农村信用社要对申请贷款项目进行调查论证，确认其可行性并按金融管理审批程序审批后方能发放贷款（尤其是涉及贷款数量大的项目）。对贷款的使用要跟踪调查，了解贷款是否用在了贷款项目上以及贷款的使用情况，贷款项目完工后产生的效益等。必要时还可对贷款者进行技术上的帮扶，以保证贷款专款使用，发挥出好的效益。贷款到期后，一方面贷款人要讲信用，主动还贷；另一方面信用社要抓紧催收，保证信用社的资金安全和利息收益，把不良贷款减少到最低程度。

（三）农村资金实现利润的合理分配管理

农村微观经济主体的企业、农户在生产经营活动中取得的收入和实现的利润，要按照国家、集体和个人三兼顾的原则进行合理分配，既保证国家在经济发展的基础上有稳定增长的财政集中，履行好国家管理社会的职能，又要保证微观经济主体在效益提高的基础上扩大生产规模，还要保证职工个人和农民在劳动生产率提高的前提下不断增加收入。如何进行分配管理？从企业讲，一是在日常生产经营活动中发生的购销活动和劳务服务，要按国家税法规定的税种、税率主动按时足额纳税，不得非法偷税、漏税和骗税；二是生产经营活动实现的利润，要按所得税的规定缴纳所得税，税后剩余部分（简称税后留利）则为企业所占有和支配；三是缴纳所得税后的企业留利部分，要合理安排，一部分用于改善职工集体福利设施，一部分用于企业扩大再生产，扩大企业生产经营规模。从农户讲，一是在农业生产收割季节后，要按国家缴纳农税的规定及时足额缴纳农税；二是要按国务院和当地政府的规定缴纳统筹提留款。对于不按规定的乱集资、乱摊派、乱收费的"三乱"要拒绝交纳；三是生产经营收入除去上缴农税和统筹提留后的剩余部分，则要在家庭成员生活消费和生产消费之间进行合理分配，既要保证在生产发展的基础上不断提高生活消费水平，又要有更多的资金投入到农业生产活动中，以保证农业生产的可持续发展。

第五节 农村科技信息管理

一、农村科学技术管理

（一）农村科学技术的合理结构

农村科学技术结构，是指农村科学技术在转化为现实的农村生产力过程中，科学研究各个环节和技术应用各个方面的组成配合状况。它包括农村科学技术本身的基础研究、应用研究等的组合状况；农业科学技术应用上的传统技术与现代技术，有机技术与无机技术，生物技术与机械工程技术等的组合和配合。农村科学技术结构合理的依据是：第一，要符合国情国力和农村生产的现状特点，扬长避短；第二，要符合科学技术本身转化、演变的规律性，即科学—技术—生产。为了实现农业现代化，必须从我国实际出发，正确选择农村科学技术发展与应用的目标与方向，使农村科学技术结构逐步合理化。我国农村科学技术结构合理需满足两方面的要求，即有利于提高农业经济效益；有利于提高农村总产量。

就我国农业和农村发展来看，农村科学技术的合理结构包括的主要内容有以下几个方面：①发挥传统技术优势，逐步将传统技术与现代技术相结合。我们应当利用并总结、提高和改造农村技术，使传统农村技术与现代农村技术逐步结合，从而推动农村技术进步和现代化进程。②以生物技术为主，生物技术与机械工程技术相结合。农村科学技术应侧重于生物技术的推广应用，包括良种推广、栽培与饲养方法的改善、耕作制度的改善等。同时，要结合不同地区的和不同生产环节的实际，有选择地应用机械技术，提高生产率。③农村科学研究必须与推广应用相结合。科研成果是一种潜在的生产力，只有将它应用于生产过程中，才能成为现实的生产力。因此，不仅要重视农村科学技术的研究，更要重视科研成果的应用推广。④科学技术的载体是人。必须特别重视农村劳动者的智力和文化科学素质的提高，使农业的物质技术装备与劳动者的知识水平协调发展。

（二）农村科学技术进步与科学技术政策

依靠科学技术进步，振兴农村是一项长期的战略任务。科学技术进步是指一个国家或地区的科学技术研究与应用从低水平向高水平演进的过程及一定时期所达到的水准。而农村科学技术进步，是指与农村有关的科学技术发展及其现实水平。农村科学技术进步的方向、速度和规模取决于社会经济条件和社会经济发展的要求。其中国家的科学技术政策起着重要的作用。

科学技术政策是指国家根据一定时期经济和社会发展要求以及科学技术自身特点制定的指导科学技术发展的方针、准则。其基本内容包括：科学技术发展方针、科学技术发展战略、科学政策和技术政策等四个方面。农村科学技术发展涉及到的一系列政策问题主要包括四个方面的内容：①明确农村科学技术发展的方向和目标，这是加速农业和农村经济社会发展的战略性问题。②改革农村科研管理体制，使科学技术研究与农村发展实际相结合，提高科研成果的转化率。③以面向生产为宗旨，建立起农村科学技术研究的合理结构。④重点加强农业科研人员的培训和使用。

（三）农村科学技术的推广应用

科学技术在农村生产中的推广应用非常重要。首先，科学技术推广是实现农业技术改造，把传统农业转化为现代农业不可缺少的重要环节。其次，推广农村科技成果投资小、收益大、能显著提高产量和收益。第三，农村科学技术推广可以促进农村科研和教育的发展。

农村科学技术推广的形式要服从于科技推广的一般规律。我国在农村科技推广形式的探索中，取得了一些成功经验。主要的科学技术推广形式包括：农业技术集团承包、技术联产承包和单项技术承包、技术市场、技术咨询服务和进行技术培训、扶植农村科学技术应用的示范户等。

二、农村经济信息管理

农村经济信息开发利用的过程就是农村信息处理、信息管理以及信息使用的过程。农村经济信息管理主要包括农村经济信息开发利用的一般过程和农村经济信息系统的管理。

（一）农村经济信息开发利用的一般过程

农村经济信息开发利用的一般过程，包括信息采集、信息加工、信息存储、信息传递、信息利用和信息反馈六个基本环节。

（1）信息采集

信息采集是根据一定的目的，在信息发生的地点或进入信息系统的地点及时、准确、完整地把它记录在一定的载体或介质上。

采集信息是信息处理的开端，也是信息处理的基础。原始信息的质量，影响到信息开发利用的质量和信息使用的效果。信息采集工作的基本要求是"真、快、多、准"。"真"，包括信息的真实、准确、完整。"快"，就是采集信息的及时性。"多"，是指信息的数量多少和信息的连续性、系统性。"准"，是指信息的相关性和适用性。

（2）信息加工

信息加工是指将采集到的信息，按照不同的目的和要求，以一定的程序和方法进行分类、计算、比较、判断、重组等，使之条理化、规范化的加工过程。它是对信息进行去粗取精、去伪存真、由表及里、由此及彼的科学分解与组合。信息加工包括鉴别、筛选、整理、信息产品四个环节。

（3）信息存储

信息存储是指对加工后的信息进行科学有序的存放、保管，以便使用的过程。信息存储时，要按信息存储量的大小和时效选择适当的存储器，方便检索、更新，要注意安全、防止丢失和毁坏，以确保信息的使用价值。

（4）信息传递

信息传递是指把经过科学处理的信息，传递给信息接收者的过程。为了提高信息的时效性，应根据不同的信息内容、不同的要求，选择与之相适应的信息传递工具。在信息的传递过程中，应特别注意防止信息失真。

（5）信息利用

信息利用是指有意识地运用存储的信息去解决经济活动中所提出的具体问题的过程。信息开发的根本目的是为经济建设服务。没有这个环节，前面所做的工作就失去了意义。

（6）信息反馈

信息反馈是指信息接受方要把接受信息的状况和使用信息后系统所发生的状况，反过来输回信息的发出方，以便有效地实现控制管理及为信息发出方下一轮信息发送提供参考。信息反馈需要加快速度。

（二）农村经济信息系统的建设及其管理

农村经济信息开发利用的方式包括网上农村信息、收发电子邮件、建立网站、开展电子商务，等等。但是，最基本的，最主要的方式是根据应用需求建立农村经济信息系统。

1.农村经济信息系统的含义

农村经济信息系统是指在农村经济系统中，为了完成系统所需的信息处理工作，而由一定机构、人员、设备所构成的子系统。它是整个农村经济系统的一个不可缺少的重要的子系统，同时，它本身也构成了一个有机的完整的系统。

农村经济信息系统的特征是：①目的性。它是为农村经济系统的运行服务的，即面向农村经济活动各主体的决策、计划、控制等，及时、准确、全面地提供相关信息。②有机性。它是信息内容、技术手段和处理方法的有机统一体。③转换性。农村经济信息系统总是处于不断转换信息的动态之中，也就是信息的输入输出的转换之中。

从信息处理手段来看，农村经济信息系统有手工系统和计算机系统两种。当前农村的计算机系统主要有三种类型：即事务处理系统、管理信息系统和决策支持系统。

2.建设高效能农村经济信息系统

国内外信息系统建设的大量理论与实践表明，要建立高效能的农村经济信息系统，需做好三方面的工作：

①重视并不断提高农村经济信息系统的信息通过能力。首先，信息系统要与农村经济管理的系统结构相适应。因为农村经济信息系统就是为了完成农村经济系统所需信息而设计的，不仅其设计要以农村经济系统为自己的环境，而且运行也要以农村经济系统为依托。农村经济管理系统结构中的管理组织形式、管理职能分工、管理组织中人的素质等因素都不同程度地影响着农村经济信息系统中信息的通过能力。其次，要建好信息的传递渠道，促使信息传递的流程科学化、合理化。信息的传递渠道是指那些具备传递信息作用的物理的、生物的信息通道，一般由信息传递的方向、载体、传递网络、传递层次等组成。建好信息传递通道、改进信息流程，提高信息传递的科学化水平，科学地拓展和延伸信息传递的网络，不仅可以减少信息传递阻塞现象，而且可有效地实现大容量、高效率的传递信息，从而有效地提高信息系统中信息的通过能力。此外，合理的信息流程，是保证农村经济信息快速、高效、经济地传递的重要手段。

②控制信息流量、重视系统衔接，保持系统的健康运行。在信息系统中，如果提供的信息量超过了管理对信息的基本要求，会造成信息干扰，这与信息供应不足一样，同样会使决策、计划及控制缺乏科学依据。信息缺乏和信息泛滥都将使管理工作蒙受人、财、物的损失。因此在建立农村经济信息系统时，应有效地控制信息流量，同时，还应根据管理的需要，适时增加新的信息，以最适当的信息数量满足管理的基本需要。

③广泛地运用计算机、通信网络等现代信息技术。在信息的处理和管理中广泛地运用计算机、通信网络等现代信息技术后，将使信息工作人员和管理人员从繁重的手工操作中解脱出来，大大提高了效率，提高了信息处理的数量和质量，使决策、计划和控制等管理活动更加科学、精确、灵活，使信息在经济管理中发挥更大的作用。在知识经济时代，一个高效的信息系统的建立需要广泛地运用计算机、通信网络等现代信息技术，建立计算机信息系统。

第十章 乡村振兴战略与"智慧农业"发展

第一节 农业数字化与信息化

一、农业信息化和农业数字化的关系

随着科学技术不断发展，农业也逐渐向数字化、信息化的方向发展，虽然数字化和信息化都是现代农业发展的重要标志，但二者并不是相同的概念，农业信息化和数字农业既有区别，又相互联系。农业信息化是农业与现代信息技术的融合，是信息技术在农业领域广泛应用和全面渗透的过程。农业信息化包括农产品流通信息化、农业产业经营管理的信息化、农业科学技术信息化、农业生产管理的信息化。主要特征有以下几个方面。

（一）高效性

农业产业相较于其他产业具有市场风险和自然风险并存的特征，这就导致农业生产经营需要及时把握各种信息，这是降低风险的重要前提。农业信息化的主要目的之一就是将农业信息进行收集、加工并向下传递，引导农民认识信息资源重要性，树立信息观念，及时了解农业信息，以便尽可能按照完备、准确的信息来对生产经营活动进行相应安排。农业信息化，不仅有利于将最新科技成果及时、准确、合理地运用于现代农业生产，使土地的生产力有大幅度提高，还有利于进一步加快农业产业结构优化升级，加快传统农业与信息技术相结合，有利于降低成本，提高综合效益。另外，农业信息化可以在农业产前、产中和产后的全过程中为农民及时提供便捷的信息咨询与技术指导，实现合理节约用水、无害化处理、健康饲养、科学用药、配方施肥，引导农业生产由粗放型向精细型、集约型转变。农业信息化还可以对农村环境进行实时监测，有利于农村环境保护。

（二）社会公益性

我国人口众多，其中很大一部分为农村人口，组织结构相对松散，由于

我国幅员辽阔，区域分布并不均衡，这就导致农村农业信息化的成本相较于其他社会发展信息化需要更多成本。虽然改革开放以来，我国农业和农村有了较快发展，但是农业弱质产业的特性和城乡二元结构的存在决定了农村经济落后、农民收入偏低和农业增效困难的情况。农民既没有技术能力，也没有足够的经济实力来推进农村农业信息化建设。我国"三农"发展具有特殊性和重要性，农民支付能力的缺乏以及农村社会信息化建设成本高等问题，在一定程度上决定农村农业信息化建设只能由政府采取公共投入的方式进行，即作为公益性事业，向农村社会成员以公共产品的形式免费或半免费提供，只有这样，才能够推进农村农业信息化建设。

（三）内容复杂性

我国国土面积大，地理环境具有多样性，不同地区适宜不同农作物的生长，这就导致不同地区的农产品种类、生产规模等均存在较大差异，并且不同农产品的生长规律也并不相同，地方地形、气候等资源因素和自然因素多种多样，并且农产品的加工、制造、销售和消费等经济活动因不同的农产品而不同。另外，我国农村农业管理部门多，涉及面比较广。目前涉农信息资源主要分散在各类农业院校、农业科学研究机构以及民政、农林渔牧、商务、环境保护、气象、劳动与社会保障等政府部门中，如何整合这些资源，在技术和机制上来说毫无疑问是一项复杂的工程。同时，也缺少一个运行机制和组织系统对分散在广大农村中的信息资源进行整合，这些因素都决定了农业信息资源内容多、数据量大并且具有较强复杂性的特征。

（四）动态性

随着科学技术不断发展，我国不断推进农村农业信息化建设，这是一个持续进行的动态发展过程。现代信息技术的发展日新月异，农村农业信息化建设也在新技术的推动下不断向前发展，从电视、广播、电话到有线和无线网络，从互联网技术到物联网、云计算等，我国农村农业信息化建设在探索中不断前进。正是由于信息化建设具有动态性，因此我们必须坚持动态发展的观念，明确每一阶段的特点和任务及其要解决的主要问题，对症下药，采取不同的方法，实现在动态中不断调整，继而实现信息化建设的不断发展。

（五）差异性

我国自始以来就是农业大国，这就决定了农业发展对我国整体发展的重要性，农业信息化不仅对农业经济具有重要作用，对国民经济也发挥着重要作用。但当前，农业信息化建设的需求与我国实际情况有一定差距。第一，农村人才流失，这就导致农业信息化人才严重短缺。大量的农村劳动力随着我国新农村建设向城镇转移，并且农村基础环境建设不到位，很难吸引优秀专业技术人才来农村工作，这都是导致农村的农业信息化人才急剧缺乏的原因。第二，各地区间的差距较为明显。东部沿海地区经济发展水平较高，农业生产经营者信息需求强烈，信息意识高，他们对农业信息的投入也越来越多；而中西部地区与东部地区与以上地区相比差距较大，经济发展相对滞后，农业生产经营者对农业信息的需求欲望不够强烈，信息意识水平较低。第三，农业信息传递要求高与农业基础设施落后之间的矛盾突出。现代化的农业信息的传播需要快捷方便的现代化通信设备，而现在大部分农村地区的基础设施落后，与发展农业信息化的现实要求差距较大。

数字农业实际上是实现了农业与计算机辅助设计和工业可控生产的有机结合，在农业生产的各个环节渗透信息技术，随着现代农业发展，数字农业已经成为农业发展的重要部分。依据实现功能、操作对象的尺度大小的不同，数字农业表现出一定的层次性，主要内容包括对农业不同行业（种植业、水产业、畜牧业、林业等）、不同要素（技术要素、生物要素、环境要素、社会经济要素）、不同部门（服务、生产、教育、科研、流通、行政等）、不同水平（分子、细胞、器官、个体、群体、社会水平）、不同过程（经济过程、环境过程、生物过程）的数字化设计、表达、管理和控制。数字农业具有如下几个特点。

1. 数据多样性

数字农业涉及大量数据信息，不同生产环节涉及不同数据信息，这些数据信息具有多维、多源、大量和时效性强的特点。一般来说，我们可以通过实地调研、管理部门、气象部门、测绘数据等途径获得数据信息。不仅数据来源不同，数据格式也多种多样，包括文本数据、图形数据、音频数据、视频数据以及遥感影像等。对于这种海量、多维数据，特别是时态数据的组织与管理，仅仅依靠现有的数据库管理软件是很难有效实现的，因此需要研究新一代的时态数据库管理系统，进而形成相应的时态空间信息系统。并且要求这种时态空间信息系统不仅可以形象地显示时空和多维数据分析后的结果，还可以有效地存储空间数据。

2. 及时性

数字农业将信息技术与农业相结合，通过计算机辅助决策技术和网络技术促进农业发展。数字农业可以通过收集关于作物产量、水分条件、地貌、地形、土壤等方面的数据信息构建数据库，对土壤肥力因素、农作物的生长情况、土地利用现状、病虫害和灾情分布等进行实时监测、模拟分析、网络传输和动态存储，达到对农业生产过程的实时调控。进而可以指导农民对各种变化情况及时准确地实地采取相应措施，降低农业生产的风险。

3.自动化和智能化

数字农业借助计算机技术，自动化和智能化是其基本特征，这主要表现在农业机械操作的自动化和智能化上。通过智能化、自动化的农业机械进行农业作业，可以轻松做到空间精确、时间精确、数量精确、质量精确以及预测精确。

通过以上分析我们看出，农业数字化和农业信息化之间既存在一定联系又存在一定区别。随着信息技术的不断发展，农业信息化是农业整体的发展方向，农业信息化要求在农业的各个领域（科研、管理、流通、生产、教育等）都要实现信息化；而数字农业是在农业信息化的基础上，更加强调数字化特征。数字农业是农业信息化的核心内容，同时也是农业信息化的必由之路。农业信息化和数字农业的共同点是以信息技术为支撑，以信息资源为基础，全面应用信息技术，促进生产力和经济快速发展。数字农业的研究对农业信息化的建设起到大力推动作用，同时农业信息化的发展也会为数字农业奠定更加坚实的基础，两者密切相关，不可分割。

二、现代农业信息化发展趋势

（一）信息化成为现代农业发展的制高点

在当前的知识经济时代，科学技术是推动产业发展的核心力量，是推动人类社会持续发展的重要能源。从全球农业生产发展进程可以看出，每一次科技和工具上的重大突破，都将农业推上一个新的台阶，推向一个新的历史时期。

信息技术在21世纪得到了飞跃式发展，这在我国的农业生产经营中也有所体现，尤其是随着农业现代化发展的不断推进，信息化技术在农业生产经营中逐渐得到了广泛应用。农业信息化在农业生产经营管理、农业信息获取及处理、农业专家系统、农业系统模拟、农业决策支持系统、农业计算机网络等方面都极大地提高了我国农业生产科技水平和经营效益，进一步加快了农业现代化发展进程。目前，农业信息化的应用和发展主要呈现出以下特征。

1.农业信息网络化迅猛发展

据估计全国互联网上的农业信息网站超过5万家。农业信息网络化的发展，使广大农业生产者能够广泛获取各种先进的农业科技信息，选择和学习最适用的先进农业技术，了解市场行情、政策信息、及时进行农业生产经营决策，有效地减少农业经营风险，获取最佳的经济效益。

2. "数字农业"成为农业信息化的具体体现形式

随着大数据技术的发展，该技术越来越多地应用在各个领域，农业大数据就是大数据的理念、技术和方法在农业领域的具体应用与实践。我国已进入传统农业向现代农业加快转变的关键时期，突破资源和环境两道"紧箍咒"制约，破解成本"地板"和价格"天花板"双重挤压，提升我国农业国际竞争力等都需要农业大数据服务作为重要支撑。

3. 农业信息化向农业全产业链扩散

随着农业信息化的发展，信息技术的应用不再局限于农业系统中的某一有限的区域、某一生产技术环节或某一独立的经营管理行为。它的应用已扩展到农业系统中的农业生产、经营管理、农产品销售以及生态环境等整个农业产业链的各环节和各领域。

当前，网络信息技术在农业领域的应用越来越普及，现代农业的发展离不开对信息化技术的应用，现代农业与信息技术的有机融合为农业生产的各个领域带来了新的活力，以物联网、大数据、云计算、移动互联、人工智能等为主要特征的信息技术和科技手段与我国农业、农村与农民深入跨界融合，为我国由传统农业向现代化农业实现转型升级不断积蓄力量。

（二）信息技术助推农业全产业链改造和升级

从农业全产业链的角度来看，信息技术有效地推动了现代农业全产业链的不断升级，现代农业对信息技术的应用带动了我国农业生产智能化、经营网络化、管理数据化和服务在线化水平的不断提升。

1. 农业大数据积极实践

随着现代信息技术发展，大数据技术成为广泛应用于各个领域的现代化技术。具体来说，大数据是指海量数据的集合，是国家的基础性战略资源，大数据已发展为发现新知识、创造新价值、提升新能力的新一代信息技术和服务业态。农业大数据作为大数据的重要实践，正在加速我国农业农村服务体系的革新。基于农业大数据技术对农业各主要生产领域在生产过程中采集的大量数据进行分析处理，可以提供"精准化"的农资配方、"智慧化"的管理决策和设施控制，达到农业增产、农民增收的目的；基于农村大数据技术的电子政务系统管理，可以提升政府办事效能，提高政务工作效率和公共服务水平；基于农业农村海量数据监测统计和关联分析，实现对当前农业形势的科学判断以及对未来形势的科学预判，为科学决策提供支撑，成为我国农业监测预警工作的主攻方向。目前，农业大数据在我国已具备了从概念到应用落地的条件，迎来了飞速发展的黄金机遇期。

2. 电子商务迅猛发展

在"互联网+"时代，电子商务迎来了飞速发展。电子商务是以网络信息技术为手段，从事商品交换业务的商务活动，是传统商业与网络信息技术的有机结合。电子商务与农产品经营深入融合，突破时间和空间上的限制，正在转变我国农产品的经营方式，农业电子商务依托互联网已经成为推动我国农业农村经济发展的新引擎。一是电子商务加速了农产品经营网络化，解决农产品"卖难"的问题，增加农产品销售数量，并倒逼农业生产标准化、规模化，提高农产品供给的质量效益，提高了农民的收入水平；二是电子商务促进了农业"小生产"与"大市场"的有效对接，从一定程度上改变了以往农产品产销信息不对称的局面，农民可以主动调整农业生产结构，规避生产风险，提升了农业生产的效率；三是电子商务拓展了农产品分销渠道，解决农产品销路不畅的窘境，提高了农民生产农产品的积极性。

3. 物联网技术有机融合

物联网技术是信息技术发展到一定程度的产物，也是实现智能化的基础，随着物联网技术与农业生产的有机融合，使农业自动化控制、智能化管理等成为可能，很大程度上提高了我国农业生产效率。物联网技术基于信息感知设备和数据采集系统获取作物生长的各种环境因子信息（感知层），结合无线和有线网络等完成信息的传送与共享（传输层），将信息保存到信息服务平台（平台层），基于模型分析，通过计算机技术与自动化控制技术实现对作物生长的精准调控以及病虫害防治（应用层），降低农业资源和劳动力成本，提高农业生产效率。近年来，随着芯片、传感器等硬件价格的不断下降，通信网络、云计算和智能处理技术的革新和进步，物联网迎来了快速发展期。

（三）精准农业促进农业生产过程高效管理

信息技术在现代农业发展中起到了越来越重要的作用，在农业生产的过程中，依靠网络信息技术基本上实现了精准农业，精准化是现代农业发展的重要特征和趋势。精准农业是按照田间每一操作单元的环境条件和作物产量的时空差异性，精细准确地调整各种农艺措施，最大限度地优化水、肥、农药等投入的数量和时机，以期获得最高产量和最大经济效益，同时保护农业生态环境，保护土地等农业自然资源。

可以看出，现代农业生产与信息技术具有密不可分的联系，信息技术在现代农业生产中发挥着不可取代的重要作用。在产前阶段，通过传感器、卫星通信等感应导航技术，可以实现对农机作业的精准控制，提高农机作业效率；在产中阶段，通过精准变量施肥、打药控制技术，可以实现肥料的精确投放，提高肥料利用效率；在产后阶段，利用采摘机器人，可以实现对设施园艺作物果实的采摘，降低工人劳动强度和生产费用。

（四）信息化成为破解农业发展瓶颈的重要途径

改革开放以来，我国在各个领域获得了飞跃式发展，农业领域同样得到了长足发展，我国农业发展速度得到了快速提升，但不可否认的是，我国农业生产整体水平仍然处于传统农业生产阶段，当前最主要的任务是推动我国农业的现代化发展。人口的增长、资源的短缺以及环境污染的日趋加重，严重制约着我国农业的可持续发展，因此我国迫切需要转变农业发展方式，加快农业结构调整，而农业农村信息化建设成为破解以上难题的重要途径。

1. 人口增长和资源约束，要求我国提高农业生产能力

改变传统的生产方式，迫切需要突破产业发展的技术瓶颈，而信息技术在这方面将大有可为。目前我国农业信息化建设在数据库、信息网络、精细农业以及农业多媒体技术等领域都取得了一定突破，这些技术成为我国农业提质增效，破解我国农业发展瓶颈的新引擎。

2. 农业生产影响因素多，要求我国提高信息收集和处理能力

我国农业属弱势产业，受自然因素、经济因素、市场因素、人为因素影响较大，对信息的需求程度要高于其他行业。开发农产品供需分析系统、市场价格预测系统和农业生产决策系统等，可辅助农业生产者合理安排相关生产，减少生产盲目性，最大限度地规避来自各个方面的风险。

3. 基础知识和技术支撑受限，农民信息能力较差

由于信息技术在农村地区普及较晚，导致我国农民信息资源利用的意识和积极性不足，缺乏有效利用信息技术的知识和能力，农业信息传播效率不高。信息进村入户工程，通过开展农业公益服务、便民服务、电子商务服务、培训体验等服务途径，提高农民现代信息技术应用水平，正在成为破解农村信息化"最后一公里"问题的重点农业工程。

第二节 智慧农业环境构建

一、营造良好智慧农业环境的重要性及现状

（一）生产信息化环境是提升农业生产智能化水平的基础

农业是国民经济的基础部门，直接关系一个国家最基本的民生问题。

因此，农业的发展程度对于国家发展来说具有重要意义，而农业的信息化、智慧化程度可以从某种角度反映农业的发展情况。物联网技术在农业生产和科研中的引入与应用，将是现代农业依托现代信息化技术应用迈出的一大步。物联网技术与农业结合可以改变粗放的农业经营管理方式，提高动植物疫情、疫病防控能力，确保农产品质量安全，保障现代农业可持续的发展方向。

近年来，我国大力推进物联网的发展，国家物联网应用示范工程智能农业项目和农业物联网区域试验工程建设已经成为我国重要的建设工作，是我国在建设农业信息化道路上的重要探索之一，已经取得重要阶段性成效。我国已经在黑龙江、江苏、内蒙古、新疆、北京等多地相继开展了国家农业物联网应用示范工程，同时在天津、上海、安徽等地开展了农业物联网区域试验工程。

物联网的发展和应用为各个领域实现智能化提供了可能，在农业方面也是如此，农业通过对物联网设备的应用很大程度上提升了自身的智能化水平。在大田种植方面，大田种植物联网在"四情"监测、水稻智能催芽、农机精准作业等方面实现大面积应用，大幅提升生产设备装备的数字化、智能化水平，加快推广节本增效信息化应用技术，提高农业投入品利用率，改善生态环境，提高产出品产量和品质。在畜禽养殖方面，畜禽养殖物联网在畜禽体征监测、科学繁育、精准饲喂、疫病预警等方面被广泛应用。如我国建设的"物联牧场"工程，实现了畜禽养殖的身份智能识别、体征智能监测、环境智能监控、饲喂护理智能决策。在水产养殖方面，水产养殖物联网在水体监控、精准投喂、鱼病预警、远程诊断等方面大规模应用。如将物联网设备用于养殖水质实时监控、工厂化养殖监测、水产品质量安全追溯、养殖专家在线指导等方面，实现养殖全产业链的监控和重点养殖区养殖生产的智能化管理，有效提高水产养殖生产效率，促进水产养殖业转型升级。在设施园艺方面，设施园艺物联网在环境监控、生理监测、水肥一体化、病虫害预测预警等方面实现智能化水平明显提升。

此外，我国还不断加强农业公共服务平台的建设，积极运用物联网技术，大大提高了平台的标准化，为农业物联网技术应用、集成创新、仿真测试、主体服务提供了良好的硬件设施和软件环境。先后接入了北京市农林科学院设施云公共服务平台、中国农业大学水产物联网平台、天津奶牛养殖物联网应用平台、黑龙江农垦精准农业物联网应用平台、江苏水产养殖物联网应用平台、安徽小麦"四情"物联网监测平台、山东设施蔬菜物联网应用平台等国内领先的农业物联网应用服务系统。

（二）经营网络化环境是发展农产品电子商务的基础

农业是国民经济的基础部门，是关乎民生的基础性行业，其具有地域性强、季节性强、产品的标准化程度低等特点，并且由于其具有这些特点导致其具有较高的自然风险和市场风险。电子商务是通过电子数据传输技术开展的商务活动，能够消除传统商务活动中信息传递与交流的时空障碍。农业电子商务把线下交易流程完全搬到网上，将有效推动农业产业化的步伐，促进农村经济发展，最终实现传统农业交易方式的转变。

随着网络信息技术的发展，我国电子商务迅猛发展，在农业与电子商务有机融合后，农业电子商务成为我国电子商务领域中最具潜力的产业形态之一，而农业电子商务的发展也在很大程度上推动了我国农业现代化和产业化发展。农业电子商务异军突起，农产品电子商务保持高速增长，电商平台不断增加，农产品电商模式呈现多样化发展，正在形成跨区域电商平台与本地电商平台共同发展、东中西部竞相迸发、农产品进城与工业品下乡双向流通的发展格局。

农产品的质量安全是一个社会公众极为重视的问题，尤其是随着人们对健康的关注越来越强，这更促使农产品的质量安全成为不可忽视的重要问题。基于此，我国已经初步构建了农产品质量安全追溯体系，有效支撑了农产品电子商务健康、快速发展。在技术层面，二维码技术作为农产品"身份证"开始投入应用，移动终端的扫码引擎结合移动互联网、WiFi 应用环境，配合平台数据库、云计算等形成数字防伪系统，让农产品质量安全信息追溯有了技术保证。在主客体层面，追溯体系开始用于质量安全管理、产销管理、渠道推广和品牌经营，基地直供、基地加工、基地营销式企业追溯体系覆盖的农产品正在逐步增加。在标准制订层面，《农产品质量安全追溯操作规程通则》《食品可追溯性通用规范》《食品追溯信息编码与标识规范》等标准以及多项行业标准，为规范追溯体系建设创造了基础性的条件。从监管服务层面来看，除了建立群众举报、投诉渠道外，政府主管部门还专门搭建并向用户开放了 12312 产品追溯管理服务平台、成立了国家 OID 注册中心和 OID 公共服务平台，以及 i-OID 农业追溯公共服务平台等。农产品追溯体系建设不断完善，最终实现农副产品从农田到餐桌的全过程可追溯，保障"舌尖上的安全"。

此外，农业的发展形式越来越多样，不断涌现出新的农业电子商务平台和模式，这在很大程度上丰富了我国电商发展的模式和理论；农产品网上期货交易稳步发展，批发市场电子交易逐步推广，促进了大宗商品交易市场电子商务发展；新型农业经营主体信息化应用的广度和深度不断拓展，大大提升了我国农业产业化经营水平。

（三）信息化管理、服务和基础支撑能力不断加强

大数据技术与农业的有机融合有效地推动了农业农村管理的效率提高，对于农业现代化建设来说具有重要的作用和意义，并且农业大数据已经逐渐成为支撑和服务我国农业现代化发展的重要基础性资源。

农业管理信息化不断深化，初步实现了农业管理过程的规范化、自动化和智能化。首先，金农工程建设成效显著，建成运行33个行业应用系统、国家农业数据中心及32个省级农业数据中心、延伸到部分地市县的视频会议系统等。①信息系统已覆盖农业行业统计监测、监管评估、信息管理、预警防控、指挥调度、行政执法、行政办公等七类重要业务。部省之间、行业之间业务协同能力明显增强。其次，农业部行政审批事项全部实现网上办理，信息化对种子、农药、兽药等农资市场监管能力的支撑作用日益强化。再次，建成了中国渔政管理指挥系统和海洋渔船安全通信保障系统，有效促进了渔船管理流程的规范化和"船、港、人"管理的精准化。最后，农业数据采集、分析、发布、服务的在线化水平不断提升，市场监测预警的及时性、准确性明显提高，创立中国农业展望制度，持续发布《中国农业展望报告》，影响力不断增强。

二、构建良好智慧农业环境的途径

（一）加强人才培养，提供智力支持

推动农业现代化建设，加快智慧农业发展，最基础也是最核心的力量就是人才，因此，我们必须加强人才的培养，为智慧农业发展提供良好的人才环境，为农业发展输送具有较强现代信息能力和现代农业和市场营销能力的复合型服务人才。一是实施农村电子商务百万英才计划。对农民、合作社和政府人员等进行技能培训，增强农民使用智能手机的能力，积极利用移动互联网拓宽电子商务渠道，提升为农民提供信息服务的能力。有条件的地区可以建立专业的电子商务人才培训基地和师资队伍，努力培养一批既懂理论又懂业务、会经营网店、能带头致富的复合型人才。二是加强高端人才引进。通过人才引进政策和待遇落实机制，吸引专家学者、高校毕业生等网络信息人才投身"互联网＋"现代农业，形成一批应用领军人才和创新团队。

同时，我们应该建设并完善储备梯次人才体系，以此为智慧农业发展提供足够的人才储备。这就要求我们做到以下几点。一是完善农业农村信息化科研创新体系，壮大农业信息技术学科群建设，科学布局一批重点实验室，

依托国家"千人计划""长江学者奖励计划""全国农业科研人才计划"等人才项目，加快引进信息化领军人才。加快培育领军人才和创新团队，加强农业信息技术人才培养储备。二是建立完善科研成果、知识产权归属和利益分配机制，制定人才、技术和资源及税收等方面的支持政策，提高科研人员特别是主要贡献人员在科技成果转化中的收益比例。

三是实施网络扶智工程。充分应用信息技术推动远程教育，加强对县、乡、村各级工作人员的职业教育和技能培训。支持"三支一扶"人员等基层服务项目参加人员和返乡大学生开展网络创业创新，提高贫困地区群众就业创业能力。

（二）培育信息经济，推动产业协同

1. 推进信息经济全面发展

信息时代，推动智慧农业发展必须充分利用信息技术，这就要求我们大力发展信息经济。第一，面向农业物联网、大数据、电子商务与新一代信息技术创新，探索形成一批示范效应强、带动效益好的国家级农业信息经济示范区；第二，发展分享经济，加快乡村旅游、特色民宿与大城市消费人群的精准衔接，加大农机农具的共享使用，加快水利基础设施的共建共享；第三，加快"互联网+"农业电子商务，大力发展农村电商进一步扩大电子商务发展空间。建成统一开放、竞争有序、诚信守法、安全可靠、绿色环保的农村电子商务市场体系，农村电子商务与农村一二三产业深度融合，在推动农民创业就业、开拓农村消费市场、带动农村扶贫开发等方面取得明显成效。

2. 推动产业协同创新

推动农业现代化建设和智慧农业发展，需要加强农业与其他产业的一协同创新，以此实现农业的产业链延伸，并推动农业更好地实现智能化。第一，构建产学研用协同创新集群，创新链整合协同、产业链协调互动和价值链高效衔接，打通技术创新成果应用转化通道；第二，推进线上线下融合发展行动，推动商业数据在农业产供销全流程的打通、共享，支持数据化、柔性化的生产方式，探索建立生产自动化、管理信息化、流程数据化和电子商务四层联动、线上线下融合的农业生产价格模式；第三，完善城乡电子商务服务体系，加大政府推动力度，引导电子商务龙头企业与本地企业合作，充分利用县乡村三级资源，积极培育多种类型、多种功能的县域电子商务服务，形成县域电子商务服务带动城乡协调发展的局面；第四，开展"电商扶贫"专项行动，支持贫困地区依托电子商务对接大市场，发展特色产业、特色旅游，助力精准扶贫、精准脱贫。

（三）加强顶层设计，强化组织领导

1. 构建良好的顶层设计结构

全面贯彻农业农村经济工作新理念，主动适应把握引领经济新常态的大逻辑，紧紧围绕推进农业供给侧结构性改革这一主线，进一步完善"互联网＋"现代农业的顶层设计、细化政策措施。

遵循农业农村信息化发展规律，增强工作推进的系统性整体性，统筹各级农业部门，统筹农业各行业各领域，统筹发挥市场和政府作用，统筹农业农村信息化的发展与安全，立足当前、着眼长远、上下联动、各方协同，因地制宜、先易后难，确保农业农村信息化全面协调可持续发展。

2. 构建良好的组织领导体系

推动农业协调发展必须加强组织领导，要制定严格的制度，为智慧农业发展提供良好的组织领导环境。建立"互联网十"现代农业行动实施部际联席会议制度，统筹协调解决重大问题，切实推动行动的贯彻落实。联席会议设办公室，负责具体工作的组织推进。建立跨领域、跨行业的"互联网十"现代农业行动专家咨询委员会，为政府决策提供重要支撑。瞄准农业农村经济发展的薄弱环节和突出制约，把现代信息技术贯穿于农业现代化建设的全过程，充分发挥互联网在繁荣农村经济和助推脱贫攻坚中的作用，加快缩小城乡数字鸿沟，促进农民收入持续增长。

3. 重视实践探索，加强经验总结

与智慧农业发展相关的各个地区和部门应该做到主动作为，要进一步完善相应的服务，对智慧农业健康发展予以正确引导，并且用动态发展的眼光看待智慧农业发展环境，在实践中大胆探索创新，相互借鉴"互联网十"融合应用成功经验，促进"互联网＋"新业态、新经济发展。有关部门要加强统筹规划，提高服务和管理能力。各地区要结合实际，研究制定适合本地的"互联网＋"行动落实方案，因地制宜，合理定位，科学组织实施，杜绝盲目建设和重复投资，务实有序推进"互联网＋"现代农业行动，推动智慧农业发展。

（四）加快技术创新，推进产业融合

1. 加强信息技术与农业产业的融合发展

首先，从农业生产的角度来说，应该加强现代信息技术与农业生产的深度融合，这主要是指物联网、大数据、空间信息、智能装备等现代信息技术与种植业、畜牧业、渔业、农产品加工业的全面深度融合和应用，构建信息技术装备配置标准化体系，提升农业生产精准化、智能化水平；其次，促进农业农村一二三产业融合发展，重构农业农村经济产业链、供应链、价值链，发展六次产业；最后，建立新型农业信息综合服务产业，大力发展生产性和生活性信息服务，加快推进农业农村信息服务普及和服务产业发展壮大。

2. 推进自主先进的技术生态体系建设

发展智慧农业的重要基础是运用各种先进技术，因此我们必须构建良好的基础生态体系，为其发展提供良好的技术环境。第一，要按照农业发展的实际需要列出核心技术发展的详细清单和规划，实施一批重大项目，加快科技创新成果向现实生产力转化，形成梯次接续的系统布局；第二，围绕智慧农业，推进智能传感器、卫星导航、遥感、空间地理信息等技术的开发应用，在传感器研发上，瞄准生物质传感器，研发战略性先导技术和产品，研发高精度、低功耗、高可靠性的智能硬件、新型传感器；第三，围绕农业监测预警，加强农业信息实时感知、智能分析和展望发布技术研究，时刻研判产业形势，洞察国内外农产品市场变化，提升中国农业竞争力和话语权；第四，构建完整的农业信息核心技术与产品体系，打造"互联网+"现代农业生态系统。围绕"三农"需求加快云计算与大数据、新一代信息网络、智能终端及智能硬件三大领域的技术研发和应用，提升体系化创新能力。

（五）完善基础设施，夯实发展根基

首先，发展智慧农业需要推动"宽带中国"战略实施，加强信息基础设施建设，建成高速、移动、安全、泛在的新一代信息基础设施。根据实际情况，明确发展目标。

其次，加强对先进网络信息技术的应用，推动以移动互联网、云计算、大数据、物联网为代表的新一代互联网基础设施的建设。以应用为导向，推动"互联网+"基础设施由信息通信网络建设向装备的智能化倾斜，加快实现农田基本建设、现代种业工程、畜禽水产工厂化养殖、农产品贮藏加工等设施的信息化。构建基于互联网的农业科技成果转化应用新通道，实现跨区域、跨领域的农业技术协同创新和成果转化。

最后，推动智慧农业平台建设，主要包括农村电子商务综合管理平台、公共信息服务平台、商务商业信息服务平台等，充分利用互联网等现代技术，提高农业生产经营的智能化水平。把实体店与电商有机结合，使实体经济与互联网产生叠加效应。加快完善农村物流体系，加强交通运输、商贸流通、农业、供销、邮政等部门和单位及电商、快递企业对相关农村物流服务网络和设施的共享衔接。加快实施信息进村入户工程，搭建信息进村入户，这条覆盖三农的信息高速公路，把60万个行政村连起来，把农业部门政务、农业企业、合作社衔接起来，吸引电商、运营商等民营企业加入进来，为农民提供信息服务、便民服务、电子商务，实现农民、村级站、政府、企业多赢。

第三节 智慧农业经营和服务管理

一、智慧农业经营管理

（一）新型农业经营主体服务平台

改革开放以来，我国农业发展环境发生了天翻地覆的变化，城镇化进程推进、农村劳动力减少、劳动力成本上升，同时政府还制定了国家土地流转政策，这些转变促进我国农业从土地高度分散、家庭个人作业方式为主、产业化程度低的发展模式，逐渐向集约化的规模农业进行转变。由此，新型农业经营主体（合作社、种植大户等）将成为未来现代农业发展的中坚力量。

国务院印发的《关于积极推进"互联网+"行动的指导意见》中也将构建新型农业生产经营体系放在首位，指出："鼓励互联网企业建立农业服务平台，支撑专业大户、家庭农场、农民合作社、农业产业化龙头企业等新型农业生产经营主体，加强产销衔接，实现农业生产由生产导向向消费导向转变。

推进农业现代化发展要求我们构建新型农业生产经营体系，也就是说必须根据农业发展要求创新农业生产经营机制，以此为基础，探索出一条生产技术先进、适度规模经营、市场竞争力强、生态环境良好的新型农业现代化道路。农业的转型升级必须依靠科技创新驱动，转变农业发展方式，要把现代社会中各种先进适用的生产要素引进和注入农业，从过度依赖资源向依靠科技人才、劳动者素质等转变。培育新型农业生产经营体系，首先，重点是支持和培育种养殖大户、农民专业合作社、家庭农场、农业企业等新型生产经营与产业主体，它们是未来农业生产的主要承担者，是实现农业现代化的主力；其次，要依靠科技来发展农业，把物联网作为现代农业发展的重要渠道、平台和方向，加大研发、推广与应用力度；最后，应该充分考虑生态环境可持续发展这一重要问题，推动农业现代化建设，发展智慧农业，必须协调并兼顾农业高产高效与资源生态永续利用，以有效解决资源环境约束为导向，大力发展资源节约型和环境友好型农业。通过构建新型农业生产经营体系，必然会为现代农业发展与农业现代化的实现插上翅膀，让百姓富与生态美在发展现代农业中得以有机统一。

现代农业相较于传统农业对新型农业经营主体提出了更高的要求，传统农业中，农业生产个体户通常只重视农产品的种植，但现代农业则要求他们必须将农业生产的全产业链（采购、生产、流通等）诸多环节进行整合。在新型农业经营主体整体实力较弱的前提下，如何培育新型主体，依靠新兴的力量帮助农业新型主体发展壮大是一个亟待解决的问题。互联网的本质是分享、互动、虚拟、服务，充分发挥互联网的优势，通过互联网技术与外部资源的对接，将打开整体服务于新型农业经营主体的局面。以互联网为依托，构建新型农业经营主体服务平台，将为农民带来更多便利的服务，充分地让新型农业经营主体、农资厂商、农技推广人员等都参与其中，共同实现其价值。

（二）农村土地流转公共服务平台

发展现代农业要求我们加强土地流转，开展适度规模经营，这是智慧农业经营管理的一项重要内容。土地流转服务体系是新型农业经营体系的重要组成部分，是农村土地流转规范、有序、高效进行的基本保障。建立健全农村土地流转服务体系，需要做到以下几方面。

1. 建立政策咨询机制

由于土地的特殊性质，农村土地流转具有很强的政策性，其与农民的生产生活具有直接关系，因此必须秉承科学决策、民主决策的基本原则。为此，需要建立政策咨询机制，更好发挥政策咨询在土地流转中的作用。

（1）构建政策咨询体系

建立土地流转专家咨询机构，开展多元化、社会化的土地流转政策研究；实现政策咨询制度化，以制度保证土地流转决策的专业性、独立性；完善配套政策和制度，形成一个以政策主系统为核心，以信息、咨询和监督子系统为支撑的土地流转政策咨询体系。

（2）注重顶层设计与尊重群众首创相结合

土地流转改革和政策制定需要顶层设计，也不能脱离群众的实践探索和创造。要善于从土地流转实践中总结提炼有特色、有价值的新做法、新经验，实现政策的顶层设计与群众首创的有机结合。此外，农村土地流转涉及农民就业、社会保障、教育、卫生以及城乡统筹发展等方方面面的政策，需要用系统观点认识土地流转，跳出土地看流转，广泛征集和采纳合理建议，确保土地流转决策的科学性。

2. 健全信息交流机制

想要保证土地流转质量高、效率高，就必须建立健全信息交流机制，但我国当前在这方面做得并不完善。当前，我国农民土地流转信息渠道不畅，导致土地转出、转入双方没有充足的选择空间，土地流转范围小、成本高，质量也不尽如人意。政府部门应加强土地流转信息机制建设，适应农村发展要求，着眼于满足农民需要，积极为农民土地流转提供信息服务与指导；适应信息化社会要求，完善土地流转信息收集、处理、存储及传递方式，提高信息化、电子化水平。各地应建立区域土地流转信息服务中心，建立由县级土地流转综合服务中心、乡镇土地流转服务中心和村级土地流转服务站组成的县、乡、村三级土地流转市场服务体系。在此基础上，逐步建立覆盖全国的包括土地流转信息平台、网络通信平台和决策支持平台在内的土地流转信息管理系统。

3.完善价格评估机制

建立健全农村土地流转市场，必须建立并完善价格评估机制，因为土地流转价格评估是实现土地收益在国家、村集体、流出方、流入方和管理者之间合理、公平分配的关键。因此，必须完善土地流转价格评估机制。

一是构建科学的农地等级体系。农村土地存在等级、肥力、位置等的差异，不仅存在绝对地租，也存在级差地租。应建立流转土地信息库，对流转土地评级定等，制定包括土地级差收入、区域差异、基础设施条件等因素在内的基准价格。二是制定完善流转土地估价指标体系。建立切合各地实际、具有较高精度的流转土地价格评估方法和最低保护价制度，确保流转土地估价有章可循。三是建立完善流转土地资产评估机构，引入第三方土地评估机构和评估人员对流转交易价格进行评估。四是建立健全土地流转评估价格信息收集、处理与公开发布制度。信息公开、透明是市场机制发挥作用的前提。应建立包括流转土地基准价格、评估价格和交易价格等信息在内的流转土地价格信息登记册，反映流转价格变动态势，并通过电子信息网络及时公开发布。五是建立全国统一的流转土地价格动态监测体系，完善土地价格评估机制。

自从我国制定并开始实施土地流转制度，各地也相继实施农地流转试点，在政策支持下我国成立了农村产权交易所，构建农村土地入市平台，建立县、乡、村三级土地流转管理服务机构，发展多种形式的土地流转中介服务组织，搭建县乡村三级宽带网络信息平台，及时准确公开土地流转信息，加强对流转信息的收集、整理、归档和保管，及时为广大农户提供土地流转政策咨询、土地登记、信息发布、合同制定、纠纷仲裁、法律援助等服务。

（三）农业信息监测平台

1.农业灾害预警

农业生产存在较大的自然风险，受到农业灾害的威胁，因此进行科学有效的农业灾害预警具有重要意义。具体来说，农业灾害主要包含三种，即农业气象灾害、农业生物灾害以及农业环境灾害，农业灾害是灾害系统中最大的部门灾害。农业灾害的破坏作用是水、旱、风、虫、雹、霜、雪、病、火、侵蚀、污染等灾害侵害农用动植物、干扰农业生产正常进行、造成农业灾情，也就是灾害载体与承灾体相互作用的过程。有些灾害的发生过程较长，如水土流失、土壤沙漠化等，称为缓发性灾害，大多数灾害则发生迅速称为突发性灾害，如洪水、冰冻等。

农业生产与农业灾害有直接联系，一旦发生农业灾害就很可能会对农业生产造成沉重打击，甚至对社会产生一定负面效应。首先，农业灾害会直接对农户的生产生活造成危害。其次，农业灾害导致与农业生产相关的工业、商业、金融等社会经济部门受到影响。资金被抽调、转移到农业领域用于抗灾、救灾，扶持生产或用于灾后援助，解决灾区人民生活问题，导致其他部门的生产计划受到影响，不能如期执行；在建或计划建设项目被推迟，延期或搁置；社会经济处于停滞甚至衰退萧条的状态等，最终影响到国家政权的稳定。综上所述，可以看出对农业灾害进行预警对于增强人们对农业灾害的认识，进一步提前制定相应的减灾决策以及防御措施，保障社会效益具有重要意义。

2. 农产品市场波动预测

农业是国民经济的基础部门，农产品市场价格与民生息息相关，同时还关系着社会稳定。因为，维持稳定的农产品市场价格具有重要意义，这就要求我们必须加强农产品市场波动监测预警。农产品市场价格受多种复杂因素的影响，因此波动加剧、风险凸显，预测难度大。在我国当前市场主体尚不成熟、市场体系尚不健全、法制环境尚不完善等现状下，农业生产经营者由于难以对市场供求和价格变化做出准确预期，时常要面临和承担价格波动所带来的市场风险；农业行政管理部门也常常因缺少有效的市场价格走势的预判信息，难以采取有预见性的事前调控措施；消费者由于缺少权威信息的及时引导，在市场价格频繁波动中极易产生恐慌心理，从而加速价格波动的恶性循环。因此，建设农产品市场波动预测体系对促进农业生产稳定、农民增收和农产品市场有效供给具有重要意义。

3. 农业生产经营科学决策

智慧农业的发展为农业生产经营的科学决策创造了可能性。科学决策就是指决策者为了实现某种特定的目标，运用各种有效的科学理论和方法，对主观条件进行系统科学的分析，从而做出正确决策。科学决策的根本是实事求是，决策的依据要实在，决策的方案要实际，决策的结果要实惠。

近年来，我国大力发展农业，农业生产水平得到显著提高，目前我国农业已经基本摒弃了传统的简单再生产，农民从事农业生产经营的目标已经发生转变，从原有的自给自足式的农业生产经营逐渐转向对实现自身利益最大化的追求。为此农民必须要考虑自身种养殖条件、自身经济水平、所种植农产品的产量、农产品价格、相关政策等会对其收益造成的影响。但农民自身很难全面分析上述相关信息，并制定相应的农业生产经营决策。农业信息监测预警体系采用科学的分析方法对影响农民收入的相关信息进行分析，为农民提供最优的农业生产经营决策。合理的农业生产经营决策不仅有利于提高农民的个人收入，同时对于社会资源的有效配置、保障国家粮食安全均具有重要意义。

二、农村综合信息智能服务

（一）农业生产信息智能服务

农业生产经营活动涉及很多信息，利用先进科学技术可以实现对这些信息的收集和处理，提高农业生产经营的效率。具体来说，农业政策、农产品市场、农业科技、农业保险等方面的信息都是与农业生产经营息息相关的信息，这些信息呈现出自上而下单向信息流的特点，是农民进行生产决策的重要依据，农民通过获取此类信息，可有效地定位于市场，把握市场价格变化，对这类信息的利用将直接影响农民的种养殖结构及其收入。

1. 农业政策

农业生产经营与农业政策之间存在密切联系，农业政策就是指那些国家为加强农业发展对农业实施的一系列措施，不同的农业政策对农业生产产生不同影响。当前，我国相继出台了一系列惠农政策，如种粮直补政策、农资综合补贴政策、良种补贴政策、农机购置补贴政策、农产品目标价格政策等共计 50 多项，但农民能够真正详细了解的并不多。政策的扶持与引导作为发展农业生产的保证，确保农民及时准确地获取中央政策的精神，了解相关政策方针，做到政情的上传下达，实现有关惠农政策的落实到位具有重要意义。

2. 农业保险

农业面临的风险较大，其生产经营同时受到自然风险、市场风险和技术风险的威胁，这就决定了农业保险对农业生产经营的重要意义。农业保险作为专为农业生产者在从事种植业、林业、畜牧业和渔业生产过程中，由于遭受自然灾害、意外事故疫病、疾病等保险事故所造成的经济损失提供保障的一种保险，对于保障农民收入，改善农业生产条件以及农业现代化建设具有重要意义。很多农民目光短浅，只看到保险需要缴钱，没有看到保险给他们带来的利益。通过提供此类信息服务，农民可以充分了解农业保险的相关信息，看到农业保险带来的效益，使其从中选择适合自己的农业保险种类进行投保，进一步保障其农业收入，同时促进农业保险的健康发展。

3.农业科技

农业科技信息是影响农业生产的重要信息，农民急需了解和掌握这些信息，掌握农业科技是农民脱贫致富的关键。首先，需得到各种投资少、见效快、易掌握、好操作的实用农业科学技术方面的信息。即使是已经摆脱贫困的农民，要想在有限的土地上获得高效益，做到节本增效、优质高产，走上小康之路，仍然离不开实用技术信息的持续供给。其次，农民需要能够对当地地情进行分析的农业科技。尽管农民在生产过程中积累了大量的经验，但是随着农药、化肥等化学投入品的使用，当地的地情发生了一系列变化。通过分析地情，找出最适宜的种植品种，对提高土地利用率以及农民收入具有重要意义。最后，农民还需要高产、优质、高效经济作物和市场畅销的畜禽养殖新品种方面的信息，以及能解决关键问题、提高产品附加值的高新技术信息。越来越激烈的市场竞争让农民意识到，了解和掌握市场才是实现利益最大化的关键，仅仅是每日守着田头并不能适应当今日新月异的农业市场变化，从事农业生产经营必须瞅准市场空档，巧钻市场冷门，引进新品种，运用新技术，增加产品的科技含量，努力培育出农产品的与众不同之处，做到"人无我有、人有我优、人优我鲜"，出奇制胜，推陈出新，只有这样才能获得好的效益。

4.农产品市场

农产品市场信息的流通是增加农民收入、降低农业风险的关键。市场经济使农民有了充分的自主经营权，但也带来盲目经营的问题。因此，农民急需获取可靠可用的农产品市场信息，以便有效地定位于市场，把握市场价格变化，进而合理地安排种养殖结构，及时地调整生产。对这类信息的利用将直接影响到农民的收入、生活水平等诸多方面。

（二）智慧农产品物流服务

1.农产品物流的特点

农产品物流与传统工业品物流相比具有自身独有的特征，这主要是由农产品自身的特征决定的。第一，由于农产品具有易腐、寿命短、保鲜困难等特征，决定了农产品物流必须有较快的速度。第二，农产品单位价值较小，数量和品种又较多，物流成本相对较高。第三，农产品品质具有差异性，对产品分类技术标准有不同要求。因而，农产品物流一般都存在对农产品进行初步分拣、加工和包装等环节。第四，农产品实物损耗多，价格波动幅度大，对物流储存设施有比较高的要求。

2. 农产品现代物流的作用

发展农产品现代物流是发展现代农业的重要内容，通过农产品现代物流可以有效降低农业生产和农产品流通过程中的物流成本，提高农产品流通速度，减少农产品在运输过程中的损耗，降低和杜绝农产品公共安全事件的出现，稳定增加农民收入，有效调控农产品市场价格，保障城市居民"菜篮子""米袋子"需求得到满足。目前发展农产品现代物流的重要举措是创新农产品物流的运行模式，进一步加强现代农产品物流的信息体系建设，推进产销衔接，减少流通环节，降低流通成本。

随着信息时代的到来，借助互联网搭建的智慧物流信息平台对人们的生活产生了巨大影响，其对农产品的流通也产生了深刻影响，改变了农产品的传统流通模式。各农产品生产企业着陆物流信息平台，强化农产品资源整合，从而降低物流流通成本及农产品损耗。这样有助于从源头上帮助消费者在自家菜篮子工程上省钱，让农产品生产者省时省力，从而让和谐美好的未来到来。

3. 农产品现代物流的应用

智慧成为现代化的一个标签，智慧物流与各个行业有机融合，随着物流行业信息化不断加快，传统物流业开始转变理念，智慧物流成为现代物流的代名词，智慧物流为各行业的快速发展起到带动和铺垫作用而发力。农业生产经营与智慧物流的有机结合，同时推动了现代农业和现代物流的发展，可以说，当前已经形成了有利于农产品现代物流发展的大环境。

例如，山东移动打造"蔬菜之乡"智慧物流网就是对农产品现代物流的实践。山东寿光是著名的"蔬菜之乡"，是全国最大的蔬菜供应基地。为更好地保障蔬菜流通、提高运输效率、降低运输成本、完善蔬菜供求信息体系，山东移动与寿光市交通运输局合作共建寿光市交通指挥中心，搭建了山东省内县级市最大的交通物流公共信息平台"寿光市交通物流公共信息平台"。目前，指挥中心通过该平台已初步实现了对寿光全市范围内车辆的监管，令交通物流管理更加"智慧"。

寿光市交通指挥中心为寿光市农产品运输高效运行提供支持，其是由寿光物流网，CTI多媒体呼叫中心，GPS卫星定位系统组成的，同时，山东移动还为交通物流公共信息平台提供了包括互联网专线、语音专线、车务通及"移动400"等技术支撑。指挥中心通过该平台能够把寿光市的多家物流企业、700多家配货站、300多辆出租车、200多辆城乡公交车、10000多辆货运车整合到平台上，为车辆提供定位、监控、调度等多种服务。

同时，寿光市设立的交通物流公共信息平台"车务通"可以对车辆运行情况进行即时监控，可以随时了解车辆的运行轨迹、运行速度、乘员情况、所在位置等，可以根据车辆位置信息对车辆进行灵活调度，同时还有失物查找、超速报警、车辆遇险报案等功能，大大提高了车辆的运行效率和安全性。平台的"移动 400" 24 小时服务热线电话还可随时受理叫车、咨询、求助和物流配送等业务。

此外，信息平台还会及时更新寿光农产品物流园的农产品信息，包括农产品价格、货源等，农产品加工企业、运输企业、配货站在平台上免费发布信息，通过该平台，寿光市的农产品产销组织化程度得到了进一步提高。

参考文献

[1] 罗必良.明确发展思路,实施乡村振兴战略 [J].南方经济,2017（10）.

[2] 姜长云.实施乡村振兴战略需努力规避几种倾向 [J].农业经济问题,2018（1）.

[3] 郭晓鸣.乡村振兴战略的若干维度观察 [J].改革,2018（3）.

[4] 李铜山.论乡村振兴战略的政策底蕴 [J].中州学刊,2017（12）.

[5] 刘合光.乡村振兴战略的关键点、发展路径与风险规避 [J].新疆师范大学学报:哲学社会科学版,2018,39（3）.

[6] 李冠源,李冬娜,徐建斌,等.乡村振兴战略下返乡青年创业策略探析 [J].云南农业大学学报（社会科学）,2021（15）.

[7] 张九成.乡村振兴战略背景下的农村水利建设 [J].水电水利,2021,5（5）.

[8] 张志增.实施乡村振兴战略与改革发展农村职业教育 [J].中国职业技术教育,2017（34）.

[9] 刘栋子.乡村振兴战略的全域旅游:一个分析框架 [J].改革,2017（12）.

[10] 周立,李彦岩,王彩虹,等.乡村振兴战略中的产业融合和六次产业发展 [J].新疆师范大学学报:哲学社会科学版,2018,39（3）.

[11] 陈秧分,王国刚,孙炜琳.乡村振兴战略中的农业地位与农业发展 [J].农业经济问题,2018（1）.

[12] 叶敬忠.乡村振兴战略:历史沿循,总体布局与路径省思简 [J].华南师范大学学报:社会科学版,2018（2）.

[13] 蒋永穆,刘虔.新时代乡村振兴战略下的小农户发展 [J].求索,2018（2）.

[14] 蒋和平.实施乡村振兴战略及可借鉴发展模式 [J].农业经济与管理,2017（6）.

[15] 温铁军.生态文明与比较视野下的乡村振兴战略 [J].上海大学学报:社会科学版,2018,35（1）.

[16] 刘合光.激活参与主体积极性,大力实施乡村振兴战略 [J].农业经济问题,2018（1）.

[17] 索晓霞. 乡村振兴战略下的乡土文化价值再认识 [J]. 贵州社会科学，2018
（1）.

[18] 黄祖辉. 乡村振兴战略中的适度规模经营问题 [J]. 中国合作经济，2017
（10）.

[19] 刘润秋，黄志兵. 实施乡村振兴战略的现实困境、政策误区及改革路径
[J]. 农村经济，2018（6）.

[20] 李萌. 乡村振兴战略背景下大学生返乡创业能力提升路径及策略研究 [J].
乡村科技，2017（33）.

[21] 何白鸥，齐善兵. 乡村振兴战略实施中加强乡村文化建设的建议 [J]. 领导
科学，2018（12）.

[22] 汪恭礼. 乡村振兴战略背景下壮大集体经济的思考 [J]. 国家治理，2018
（3）.

[23] 莫仲宁. 实施乡村振兴战略推进农业农村现代化 [J]. 桂海论丛，2018，34
（2）.

[24] 胡中应. 社会资本视角下的乡村振兴战略研究 [J]. 经济问题，2018（5）.

[25] 陈莉. 新时代乡村振兴战略的实施路径及策略 [J]. 现代营销（下旬刊），
2018（07）.

[26] 康永征，王泽莉. 乡村振兴战略背景下村镇化的发展探析 [J]. 前沿，2018
（1）.

[27] 杨吉华. 乡村振兴战略背景下的文化自信与提升路径 [J]. 中共石家庄市委
党校学报，2018，20（1）.

[28] 刘合光. 推进乡村振兴战略的关键点、发展路径与参与主体 [J]. 石河子大
学学报：哲学社会科学版，2018，32（1）.

[29] 何晓琼，钟祝. 乡村振兴战略下新型职业农民培育政策支持研究 [J]. 中国
职业技术教育，2018（3）

[30] 高吉喜，孙勤芳，朱琳. 实施乡村振兴战略推进农村生态文明建设 [J]. 环
境保护，2018，46（7）.